Norbert Greinacher, Die Kirche der Armen

Die »Theologie der Befreiung« entstand in Lateinamerika aus der vielfältigen leidvollen Erfahrung der Unterdrückung der Menschen in diesem Kontinent. Sie sieht das von Gott in Christus geschenkte Heil als ganzheitliche Befreiung des Menschen, die alle Dimensionen seines Lebens umfaßt.
Norbert Greinacher, der sich seit Jahren der Theologie der Befreiung verpflichtet weiß, erläutert, was diese aktuelle theologische Richtung heute bedeutet, und geht kritisch auf die Auseinandersetzung ein, die um die Theologie der Befreiung in der ganzen Weltkirche wie auch in der Bundesrepublik im Gange ist. Er verfolgt den Weg, den die Theologie der Befreiung von der zweiten lateinamerikanischen Bischofskonferenz in Medellin (1968) bis zur dritten lateinamerikanischen Bischofskonferenz in Puebla (1979) eingeschlagen hat. Es wird offensichtlich, daß sich die Theologie der Befreiung immer mehr als eine Herausforderung für die Kirchen in der ersten Welt erweist.

Norbert Greinacher, geb. 1931 in Freiburg/Breisgau. 1950–1956 Studium der Philosophie, Theologie und Soziologie. Nach Promotion und Priesterweihe in der Seelsorge tätig. 1966 Habilitation. Seit 1969 Professor für Praktische Theologie an der Katholisch-Theologischen Fakultät der Universität Tübingen.

Serie Piper:

Norbert Greinacher

Die Kirche der Armen

Zur Theologie der Befreiung

R. Piper & Co. Verlag

Den Freunden in Lateinamerika

ISBN 3-492-00496-2

Umschlag Zembsch' Werkstatt, München
Gesetzt aus der Times-Antiqua
Gesamtherstellung Clausen & Bosse, Leck
Printed in Germany

Inhalt

1. Einleitung

Befreiung von was? Das ist die Frage, die sich spontan stellt, wenn von Theologie der Befreiung die Rede ist. Um diese Frage beantworten zu können, ist es notwendig, den zeitgeschichtlichen, sozialen und politischen Kontext zu sehen, in dem die Theologie der Befreiung entstanden ist.

Im Jahr 1950 proklamierten die Vereinten Nationen die erste Entwicklungsdekade. Verschiedene internationale Institutionen wurden neu geschaffen bzw. konzentrierten ihre Bemühungen darauf, die Entwicklung der unterentwickelten Länder voranzutreiben, so z. B. die Weltbank, die internationale Entwicklungsgesellschaft (IDA), die Internationale Finanzgesellschaft (IFC), der Internationale Währungsfonds, die Kommission für Handel und Entwicklung (UNCTAD) sowie die wirtschaftliche Kommission für Lateinamerika (CEPAL) im Rahmen der Vereinten Nationen. Präsident John F. Kennedy gründete 1961 die Allianz für den Fortschritt, die der Entwicklung der Länder in Lateinamerika zugute kommen sollte.

Wie die Begriffe Unterentwicklung bzw. Entwicklung andeuten, sah man das Ziel darin, daß die unterentwickelten Länder den Grad an Industrialisierung und den Lebensstandard der ersten Welt (vor allem der Länder in Nordamerika und Westeuropa) erlangen sollten, so wie dies ja auch das erklärte Ziel von einigen Ländern der zweiten Welt, z. B. von Chruschtschow, war. In der dritten Welt wollte man dieses Ziel vor allem dadurch erreichen, daß durch den Transfer von Kapital, Technologie und wirksamem Management von der ersten in die dritte Welt auch die Wohlfahrts- und Konsumgesellschaft sich allmählich in den armen Ländern durchsetzen sollte. Man war sich zwar damals schon in der ersten und dritten Welt klar, daß diese Entwicklung lange Zeit in Anspruch nehmen und auf Hindernisse stoßen würde, aber der allgemeine Fortschrittsglaube war in der ersten Welt noch weithin ungebrochen und übertrug sich auch auf viele Mitglieder der Eliten in der dritten Welt[1].

Aber es gab ein böses Erwachen. Immer mehr Intellektuelle in der dritten Welt, die zum großen Teil ihre akademische Ausbildung in der ersten Welt erhalten hatten, erkannten, daß die Kluft zwischen den unterentwickelten und den entwickelten Ländern nicht kleiner, sondern größer wurde. In Zahlen ausgedrückt, bedeutet dies, »daß das Verhältnis zwischen dem Bruttosozialprodukt pro Kopf der Bevölkerung der Industrienationen und demjenigen der Länder der dritten Welt, das vor der industriellen Revolution ungefähr 1:1 betragen hatte, 1950 bei 5,2:1 und 1976 bei 7,5:1 lag«[2], wobei wir uns der Problematik dieses Indexes bewußt sind. Ja mehr noch: die beiden Bewegungen der Entwicklung in den Industrienationen und der Unterentwicklung in der dritten Welt standen und stehen – wenigstens zum Teil – in einem ursächlichen Zusammenhang: die erste Welt entwickelt sich weiter auf Kosten der dritten Welt. Die Investitionen ausländischer nationaler und multinationaler Konzerne brachten den Investitoren mehr ein, als sie den armen Ländern Nutzen brachten.

Dazu kam, daß es den Intellektuellen in Lateinamerika – und auf diese Länder bezieht sich vor allem unsere Studie – eigentlich jetzt erst bewußt wurde, daß die politische Emanzipation von Spanien und Portugal, die sich vor allem im 19. Jahrhundert vollzogen hatte, ihnen keine echte politische und ökonomische Freiheit gebracht hatte, sondern sie in neue Abhängigkeiten, vor allem von den USA und England, geführt hatte. Als Beispiel für eine solche Bewußtwerdung sei hier das Urteil von J. M. Bonino zitiert: »Lateinamerika hat die grundlegende Tatsache seiner Abhängigkeit (dependencia) entdeckt... Die lateinamerikanische Unterentwicklung ist die Schattenseite der nordatlantischen Entwicklung. Die nordatlantische Entwicklung ist auf der Unterentwicklung der dritten Welt gegründet. Die grundlegenden Kategorien, in denen unsere Geschichte verstanden werden muß, heißt nicht Entwicklung und Unterentwicklung, sondern Herrschaft und Abhängigkeit.«[3]

Im Zusammenhang damit muß auch die kubanische Revolution Fidel Castros im Jahre 1958 gesehen werden. Sie ist einerseits Ausdruck dieses Wandels im Bewußtsein. Andererseits wurde sie auch zu einem Symbol, daß es andere Weisen der Veränderung gibt als den Weg der Entwicklung. Die kubanische Revolution wurde, bei aller Kritik, die man an ihr – wie an jeder Revolution – üben kann, zu einem Fanal für Lateinamerika.

Um das Entstehen der Theologie der Befreiung begreifen zu können, ist es nun aber auch noch wichtig, auf die Situation der Kirche in Lateinamerika kurz einzugehen. Die christlichen Kirchen waren sowohl mit dem kolonialistischen System seit der Eroberung und Kolonisation im 16. Jahrhundert wie mit dem neokolonialistischen System des 19. und 20. Jahrhunderts eng verbunden. Schon Kolumbus schrieb im Hinblick auf seine Eroberung in Lateinamerika, daß »es weder Verstand noch Mathematik noch Landkarten (waren), die mir halfen. Die Entdeckung war ganz einfach die Erfüllung dessen, was Jesaja gesagt hat«[4]. Eroberung und Missionierung waren kaum unterscheidbar, ebensowenig wie das koloniale System von den kirchlichen Strukturen ablösbar war. Aber auch im Hinblick auf das neokolonialistische System im 19. und 20. Jahrhundert kam den Kirchen – vor allem der katholischen Kirche – eine wichtige legitimatorische Funktion zu. Noch heute gibt es kirchliche Amtsträger, die ihre Aufgabe vor allem darin sehen, Militärdiktaturen zu sanktionieren und zu sakralisieren[5]. Das lateinamerikanische Komitee der christlichen Gewerkschaften (CLASC), denen ungefähr fünf Millionen katholische Mitglieder angehören, schrieb während des Eucharistischen Kongresses von 1968 in Bogota einen Brief an Papst Paul VI., in dem es heißt: »Nimm dich in acht, Bruder Paul, Religion und Kirche sind in Lateinamerika fortwährend dazu benutzt worden, Ungerechtigkeit, Unterdrükkung, Ausbeutung, Verfolgung und Mord an den Armen zu rechtfertigen und zu stützen.«[6] Die Befreiung der lateinamerikanischen Länder vom Joch der portugiesischen und spanischen Kolonialherrschaft wurde weithin gegen die katholische Kirche durchgesetzt. Mit Recht konnte der chilenische Politiker Francisco Bilbao sagen: »Entweder Katholizismus oder Demokratie (republicanismo).«[7]

Nun gab es aber auch genug Christen in Lateinamerika, die angesichts dieser kurz skizzierten politischen Entwicklung, angesichts des Bewußtseinswandels unter den Intellektuellen und angesichts der Situation der Kirche nicht unbeteiligt bleiben konnten. Hinzu kam, daß das Zweite Vatikanische Konzil (1962–1965) auch in die lateinamerikanische Kirche Bewegung gebracht hatte. Die Stunde für die Theologie der Befreiung war gekommen. G. Gutierrez, einer der bedeutendsten Vertreter der Theologen der Befreiung, schreibt: »Der Ausgangspunkt für unsere theologischen Reflexionen ist der Befreiungsprozeß in Lateinamerika, deutlicher gesagt, das Engagement von Christen in dem Prozeß der Befreiung. Ich möchte dies als die bedeutendste Tatsache der jüngsten Zeit im Leben der lateinamerikanischen Kirche bezeichnen.«[8]

Keine Theologie entsteht im luftleeren Raum. Jede theologische Reflexion ist bedingt durch den geschichtlichen und gesellschaftlichen Kontext, in dem sie ihre Gestalt annimmt. Ja, die Theologie muß geradezu darauf aus sein, »Fleisch zu werden«, d. h. das rationale Durchdringen des Verhältnisses zwischen Gott und der Welt auf eine bestimmte gesellschaftliche Situation hin zu vermitteln, da sie ja nicht um ihrer selbst willen da ist, sondern um der Menschen willen, denen sie etwas mitteilen will. Jede Art von Theologie, die meint, überzeitlich oder gar überweltlich sprechen zu können, gibt sich selbst Illusionen hin und wendet sich als christliche Theologie von dem in Jesus von Nazareth Geschichte gewordenen Gott ab.

Wenn dies für jede Art von Theologie gilt, so hat dies für die Theologie der Befreiung ihre besondere Bedeutung. Denn die Theologie der Befreiung macht ja gerade das Verhältnis zwischen dem bereits Geschichte gewordenen Heil Gottes und dem umfassenden Befreiungsprozeß der Menschen in Lateinamerika zu einem ihrer zentralen Punkte. Davon wird noch zu sprechen sein.

Man kann die Theologie der Befreiung nicht verstehen, wenn man es nicht erfahren hat, wenn man nicht damit konfrontiert wurde oder wenn man sich nicht wenigstens das unermeßliche Ausmaß vom Elend der Menschen in Lateinamerika vor Augen führt: den permanenten Hunger, das Leiden an Infektions- und Mangelkrankheiten, den verbreiteten Analphabetismus, die dauernde Arbeitslosigkeit, die Armut der Landbevölkerung ohne Landbesitz, das unmenschliche Elend in den großstädtischen Slums, die politische Unterdrückung und Folter, die kulturelle Entfremdung. Und all dies und noch viel mehr sind Leiden, welche nicht einzelne, sondern den größten Teil der Bevölkerung in Lateinamerika treffen. Und daneben existiert der ebenso unermeßliche Reichtum einer kleinen Oberschicht. Christen, die sich in der Bewegung der Theologie der Befreiung engagieren, sind nicht bereit, dieses entsetzliche Elend und diesen verschwenderischen Reichtum als gottgewollt hinzunehmen. Sie lassen sich auf den begonnenen umfassenden Prozeß der Befreiung der Menschen ein, weil sie glauben, daß der von Jesus von Nazareth bezeugte Gott die Freiheit und das Glück aller Menschen will.

Bisher konnte der Eindruck entstehen, als ob die Theologie der Befreiung eine einheitliche Größe darstelle. In Wirklichkeit haben wir es mit verschiedenen Theologen und damit selbstverständlich auch mit verschiedenen Richtungen zu tun. Unterschiedlich sind die theologischen Ansätze: einmal mehr bei den biblischen Traditionen, ein andermal mehr bei der gesellschaftlichen Situation ansetzend; unterschiedlich ist vor allem auch die Nähe bzw. Distanz zu marxistischen Theorien, und unterschiedlich sind die politischen Konsequenzen, die aus den theologischen Reflexionen gezogen werden. Trotz aller Unterschiedlichkeit erscheint es aber legitim, auch im Folgenden von der Theologie der Befreiung zu sprechen, weil es sich um eine theologische Bewegung handelt, deren Vertreter als Ausgangspunkt ihrer Überlegungen die Situation der Unterdrückung und Abhängigkeit der Menschen in Lateinamerika genommen haben und weil sie diese Situation sowie den Kampf um Befreiung aus dieser Abhängigkeit zu vermitteln versuchen mit der evangelischen Botschaft von der Befreiung des Menschen durch Gott in Jesus Christus.

Als Hauptvertreter der Theologie der Befreiung in Südamerika sind zu erwähnen[9]: R. Alves, H. Assmann, C. Boff, L.

Boff, E. Cardinal, L. F. Castillo, E. Dussel, J. R. Carcia-Murga, L. Gera, G. Gutierrez, J.C. Scanone, J. L. Segundo. Bei vielen dieser Theologen ist der Einfluß der europäischen Theologie recht groß, was einige von ihnen auch offen zugeben. Dennoch wäre es nicht richtig, der Theologie der Befreiung ihre eigene Identität und Authentizität abzusprechen, wie J. Moltmann es getan hat[10]. Zu spezifisch ist die Situation in Lateinamerika und zu spezifisch der Versuch der Theologie der Befreiung, diese Situation zu interpretieren, als daß man die Theologie der Befreiung nur als ein Derivat der neuen politischen Theologie, wie sie vor allem von J. B. Metz und J. Moltmann vertreten wird, bezeichnen könnte. Was nottut, ist ein kritischer Dialog zwischen den verschiedenen theologischen Richtungen. Denn es kann kein Zweifel darüber bestehen, daß die Theologie der Befreiung eine ernste Herausforderung nicht nur an die Theologie, sondern auch an die Praxis der Kirche in der ersten Welt darstellt. Diese Herausforderung bietet eine große Chance. Ob sie genützt wird?

2. Was bedeutet Theologie der Befreiung?

Weil die Theologie der Befreiung von ihrem eigenen Selbstverständnis her so situationsgebunden ist, ist es so schwierig, ja fast unmöglich, Methoden und Inhalt der Theologie der Befreiung systematisch darzulegen. Dennoch soll in diesem Kapitel versucht werden, anhand einiger Schwerpunkte im Reflexionsprozeß der Theologie die Sache, um die es ihr geht, kurz zu skizzieren und auch einige kritische Bemerkungen anzufügen.

2.1 Das Wirken Gottes in der Geschichte

In der traditionellen Theologie war es geläufig, von einer Trennung zwischen Profangeschichte und Heilsgeschichte auszugehen. Die Profangeschichte wurde dem Bereich der Natur zugeordnet, während die Übernatur mit der Heilsgeschichte in Verbindung gebracht wurde. Ein solches dichotomisches Weltbild bildet im Grunde nur die Fortsetzung einer vorchristlichen Aufteilung des Kosmos in ein »fanum«, in ein »temmenon«, d. h. in Bereiche und Phänomene in dieser Welt, in denen das von den Göttern gewährte Heil präsent wurde, und in das »profanum«, d. h. in die Bereiche, die vor der Schwelle des »fanum« lagen und die für das Heil irrelevant waren.

Die Theologie der Befreiung widersetzt sich einer solchen dichotomischen Welt- und Geschichtsauffassung energisch. Besonders G. Gutierrez betont, daß es im Rahmen einer christlichen Theologie unmöglich ist, von einer profanen Welt zu sprechen. Das von Gott den Menschen geschenkte Heil ist nicht etwas Überirdisches, sondern es ist andauernd im Leben, in der Welt, in der Geschichte der Menschen real und konkret wirksam. Im Hinblick auf die Geschichte ist seine Aussage eindeutig: »Es gibt nur eine Geschichte mit Christus als ihrem Ziel.«[1]

Gutierrez weist auch mit Recht darauf hin, daß Schöpfung und Erlösung in der Bibel in einer Linie gesehen werden und daß vor allem der Gott des Alten Testaments eine Wirklichkeit ist, die sich in und durch geschichtliche Ereignisse offenbart und die erlösend und befreiend in der Geschichte des Volkes Gottes wirkt. Die Erschaffung der Welt eröffnet eine Geschichte, in der Gott sein Heil den Menschen zuwendet.

Dabei wird in der Theologie der Befreiung immer wieder Bezug genommen auf den Auszug des israelitischen Volkes aus Ägypten. Dieser Exodus, mit dem Ziel, das verheißene Land zu erreichen, ist ein geschichtliches Ereignis. Er ist Akt der politischen Befreiung und wird *als solcher* als eine Heilstat Gottes an den Menschen interpretiert. In dem verheißenen Land sollte eine Gesellschaft aufgebaut werden, die frei ist von Elend und Entfremdung. Aber auch hier tritt die religiöse Dimension nicht hinzu, sondern wird in die erfahrene Geschichte und in die erhoffte Zukunft integriert.

Aber auch im Neuen Testament wird die Heilstat Jesu Christi nicht als etwas ganz Andersartiges, als ein qualitativer Sprung aus der Geschichte verstanden, sondern präzise als Neuschöpfung (z. B. 2 Kor 5,17; Gal 6,15). Charakteristisch für das Alte und Neue Testament ist aber gerade nicht, daß das Wirken Gottes in der Geschichte und das Tun der Menschen voneinander getrennt werden, sondern Gott wirkt in und durch die Menschen, vor allem: Er ruft die Menschen dazu auf, ihre Autonomie wahrzunehmen, ihre Verantwortung zu tragen, kurz: Er schenkt Freiheit, indem er Freiheit ermöglicht. So führt der Glaube des Alten Testamentes an die Schöpfung durch Gott nicht nur zu einer Entsakralisierung der Natur und der ganzen Schöpfung, sondern vor allem der Glaube an die Heilstat Jesu Christi führt zu einer »Entsakralisierung der sozialen Praxis«[2]. »Wenn wir also feststellen, der Mensch verwirkliche sich, indem er mittels seiner Arbeit die Schöpfungstat Gottes fortführe, dann behaupten wir gleichzeitig, daß er in einem umfassenden Heilsprozeß steht. Wer arbeitet und diese Welt verändert, wird mehr Mensch, trägt zur Gestaltung einer menschlichen Gesellschaft bei und – wirkt erlösend. Wer gegen eine Situation des Elends und der

Ausbeutung kämpft und eine gerechte Gesellschaft aufbaut, hat ebenfalls teil an der Bewegung der Erlösung, die freilich erst noch auf dem Weg zur Vollendung ist.«[3]

Allerdings ergibt sich hier ein Problem. Wenn man das Heilswirken Gottes in der Geschichte und den faktischen Verlauf der Geschichte spannungslos und einfachhin identifiziert, ergeben sich hier zumindest zwei schwerwiegende Fragen. Zum einen taucht dann wieder verschärft die uralte Menschheitsfrage nach dem Ursprung und der Verantwortung für das unermeßliche Leid und Elend der Menschen, für Sünde und Schuld, für das Böse in der Welt auf – eine Frage, die nach meiner Ansicht noch nie befriedigend beantwortet wurde, vermutlich unbeantwortbar bleiben muß. Aber wenn Gott dauernd in der Geschichte wirksam ist, kann man dann alles Leid in dieser Welt, vor allem auch die Bedingung der Möglichkeit von Leid überhaupt den Menschen in die Schuhe schieben?

Zum anderen: Wenn der faktische Verlauf der Geschichte und der Heilsprozeß Gottes im Hinblick auf die Menschen einfachhin identisch sind, stehe ich dann nicht in der Gefahr, dem Wirken Gottes Dinge in die Schuhe zu schieben, die in Wahrheit auf das Konto der Menschen gehen? Ist es nicht problematisch, einen bestimmten politischen Prozeß kurzschlußartig heilsam zu nennen, während er in Wahrheit zu einer neuen Entfremdung der Menschen führt? Gelangen wir dann nicht zu einem neuen, diesmal »linken« Integralismus?

Bonino sieht diese Gefahr und will deshalb die Aussage von der einzigen Geschichte modifizieren und korrigieren. Er spricht von einem »doppelten historischen Bezugsrahmen unseres Glaubens«[4], d.h. von einer geschichtlichen und einer eschatologischen Dimension des Glaubens. Mit anderen Worten: Das geschichtliche Handeln des Menschen kann nicht – weder im positiven noch im negativen Sinne – getrennt gesehen werden vom Heilshandeln Gottes in der Geschichte. Aber die Spannung hin zur Vollendung der Geschichte bleibt und muß auch bewußt bleiben.

So sehr die Theologie der Befreiung auf der einen Seite die enge Verbindung zwischem dem geschichtlichen Handeln der Menschen und dem Wirken Gottes in der Geschichte sieht, so sehr muß man sich – in Abwehr eines dichatomischen Weltbildes – davor hüten, nun in eine monistische Sicht zu verfallen. Gerade eine theologische Reflexion über die Leidensgeschichte der Menschheit, über die Erfahrung des Versagens und der Schuld in meinem eigenen Leben und im Leben meiner Mitmenschen kann vor einem solchen Kurzschluß bewahren.

2.2 Unterdrückung als Sünde

Immer mehr Christen in Lateinamerika werden sich bewußt, daß sie in einer Situation leben, die vor allem durch Unterdrückung und Abhängigkeit gekennzeichnet ist. Mit Hilfe der Sozial- und Verhaltenswissenschaften versuchen sie, diese ihre Unterdrückungssituation zu analysieren und zu interpretieren. Dabei handelt es sich selbstverständlich um eine komplexe Situation mit einem verzweigten nationalen und internationalen Verursachungsnetz. Einige wichtige Aspekte dieser Unterdrückungssituation sollen hier kurz benannt werden.

Im *nationalen* Rahmen ist hier zunächst auf die *politische* Unterdrückung in den meisten Ländern Südamerikas hinzuweisen. Dem allergrößten Teil der Bevölkerung in Lateinamerika wird jegliches Recht genommen, irgendeinen Einfluß auf die politische Gestaltung des Schicksals der Staaten zu nehmen. Auch dort, wo formal noch so etwas wie ein demokratisches Staatswesen besteht, ist dies allermeist nur eine Scheindemokratie: Die politischen Rechte des Volkes stehen nur auf dem Papier.

Hinzu kommt, daß die grundlegenden *Menschenrechte* in den meisten Ländern mit Füßen getreten werden. Gerade diejenigen, die nichts anderes im Sinne haben, als sich für die Verwirklichung der Menschenrechte einzusetzten, werden verfolgt, inhaftiert, in vielen Fällen auf unmenschliche Weise gefoltert, verschleppt, ermordet.

Hand in Hand mit der politischen Unterdrückung geht die *ökonomische* Unterdrückung. Neben dem luxuriösen, offen zur Schau gestellten Reichtum einer kleinen Oberschicht existiert die unermeßliche Armut fast des ganzen Volkes, die immer noch weiter anwächst. Gerade auch in Ländern, wie z. B. Brasilien, die in den letzten dreißig Jahren einen ganz unerwarteten Wirtschaftsaufschwung genommen haben, mit Zuwachsraten, die mit dem sogenannten »deutschen Wirtschaftswunder« in der Nachkriegszeit durchaus zu vergleichen sind, hat dies gerade nicht zu einer Überwindung des Elends geführt, sondern dies noch vergrößert. Hier besteht tatsächlich ein ursächlicher Zusammenhang. Das wirtschaftliche Wachstum ging auf Kosten der breiten Masse und begünstigte nur eine kleine Oberschicht. Daß im Hinblick auf Lateinamerika von einer ausgesprochenen Klassengesellschaft gesprochen werden muß, kann hier nur angedeutet werden. Wir werden darauf zurückkommen.

Auch die *rassische* Unterdrückung ist keineswegs überwunden. Die relativ kleine Zahl der Indianer, die dem Völkermord, der seit den kolonialistischen Eroberungen bis in unsere Tage andauert, entkommen sind, leben – in den einzelnen Ländern in verschiedenem Maße – am Rande der Gesellschaft, werden in vielfacher Hinsicht benachteiligt und ausgeplündert. Die Mißachtung von seiten der Weißen trifft auch oft die Schwarzen und die Mischlinge. Oft geschieht es auch, daß gerade den Indianern ihre kulturelle Identität genommen wird, indem ihre Sprache nicht gepflegt und ihre Sitten und Gebräuche mißachtet werden.

Die lateinamerikanische Gesellschaft ist weithin noch eine patriarchalische Gesellschaft, in der die *Frauen* eine besondere Form der Unterdrückung erfahren. Diese Unterdrückung spitzt sich in den Klassen der Armen und Entrechteten noch zu, weil dort die Frauen die größte Last des Elends zu tragen haben und dazu noch oft sexuell ausgenutzt werden.

Auf die Dimension der Abhängigkeit im *internationalen* Rahmen wurde in der Einleitung schon kurz hingewiesen. Wie sehr die lateinamerikanischen Länder in der Vergangenheit zunächst von Spanien und Portugal, sodann im 19. Jahrhundert von den USA und England abhängig wurden, ist klar ersichtlich. Um es an einem Beispiel zu illustrieren: 1870 sagte der englische Premierminister im britischen Parlament: »Indem ich am Grundsatz des freien Handels festhalte, möchte ich England zur Fabrik für die ganze Welt machen und aus Amerika eine Farm für England.«[5] Aber auch die heutige Abhängigkeit der meisten lateinamerikanischen Länder von den nordatlantischen Industriestaaten ist größer denn je. Eine einzige Zahl mag dies verdeutlichen. Nordamerikanische Investitionen in Lateinamerika betrugen zwischen 1950 und 1965 etwa 3,8 Milliarden Dollar. Während der gleichen Periode machten die nach den USA transferierten Gewinne 11,3 Milliarden aus[6].

Aber diese ökonomische Abhängigkeit wirkt sich natürlich auch massiv auf die *politischen* Einfluß-Strukturen aus und umgekehrt. Es ist bekannt, welchen politischen Pressionen z.B. Länder wie Chile, Peru und Bolivien von seiten der nordamerikanischen Politik ausgesetzt waren und sind. Oft bedarf es auch keines direkten oder indirekten Eingriffes von seiten der USA, weil Staaten, wie z.B. Brasilien, ihrerseits wieder kleinere Staaten wie Paraguay von sich abhängig machen.

Damit verbunden ist dann auch eine *kulturelle* Abhängigkeit. Die lateinamerikanischen Völker sehen sich mehr und mehr einem nordatlantischen Wertsystem und Lebensstil ausgesetzt, der ihnen im Grunde sehr fremd ist, der ihnen aber mehr und mehr aufoktroyiert wird im Rahmen der Einbeziehung ihrer wirtschaftlichen Systeme in das kapitalistische System. Das Dokument von Puebla bezeichnet einen wichtigen Aspekt dieser kulturellen Abhängigkeit vom Konsumismus und schreibt dazu: »Der Mensch ist sozusagen eingebunden in die industrielle Produktionsmaschine und gilt nur insofern als Instrument der Produktion und Treibriemen des Konsums. Alles wird gefertigt und verkauft im Namen der Werte von Haben, Macht und Vergnügen, die obendrein als synoym für menschliches Glück ausgewiesen werden.«[7]

Die meisten Vertreter der Theologie der Befreiung benutzen bei der Interpretation dieser Unterdrückungs- und Abhängigkeitsmechanismen marxistische Theorien. Darauf werden wir noch zurückkommen.

Das Entscheidende ist aber nun, daß die Theologie der Befreiung die Situation der Unterdrückung und Abhängigkeit nicht nur als eine ökonomische und kulturelle Tatsache zur Kenntnis nimmt, sondern daß sie – als logische Konsequenz aus ihrem theologischen Ansatz, daß es nur eine Geschichte gibt – diese Situation als Sünde interpretiert. Das Dokument von Puebla drückt es kurz und eindrucksvoll so aus: »Die Wirklichkeit Lateinamerikas läßt uns bitter, ja bis an die äußersten Grenzen die Gewalt der Sünde als des flagranten Widerspruchs gegen den Plan Gottes spüren... Sünde ist das, was die menschliche Würde untergräbt.«[8]

Sünde wird hier nicht nur verstanden als ein schuldhaftes Vergehen vor Gott gegenüber dem Mitmenschen, der unterdrückt wird. Die theologische Sicht verschärft sich noch dadurch, daß Gott sich im Alten wie im Neuen Testament auf die Seite der Ärmsten geschlagen hat, ja sich mit ihrem Schicksal identifiziert hat: »Was ihr für einen meiner geringsten Brüder getan habt, das habt ihr für mich getan« (Mt 25, 40). Dadurch wird der Akt der Unterdrückung gleichzeitig auch eine Blasphemie, eine Herausforderung Gottes. So kann G. Gutierrez schreiben: »Somit ist Sünde nicht nur ein Hindernis für das Heil im Jenseits. Sünde als Bruch mit Gott ist vielmehr eine geschichtliche Wirklichkeit, Verbrechen der Gemeinschaft der Menschen untereinander, Abkapselung des Menschen in sich selbst und Bruch mit den Menschen in vielfacher Hinsicht. Da Sünde eine innergeschichtliche, persönliche und gesellschaftliche Wirklichkeit ist, die bis in das tägliche Geschehen des Menschen hineinwirkt, hemmt sie auch und gerade das menschliche Leben in seiner Entwicklung auf die Vollendung hin, die wir Erlösung nennen.«[9]

2.3 Befreiung und Erlösung

Seit sich so etwas wie eine Autonomie der irdischen Wirklichkeiten unter Zurückdrängung der Allzuständigkeit der Kirche in allen Bereichen des menschlichen Lebens abzeichnete, hat sich allmählich ein Theologumenon herauskristallisiert, das man etwa so formulieren könnte: Gesellschaft und Staat haben für das irdische Wohl der Menschen zu sorgen; die Kirche aber ist für das überirdische Heil der Seelen da. Diese Sicht hat auch an verschiedenen Stellen der Dokumente des Zweiten Vatikanischen Konzils ihren Niederschlag gefunden.

Wenn auch auf eine sehr differenzierte und vermittelnde Weise, so beruht jedoch das Schlußdokument der Vollversammlung der Internationalen Theologenkommission vom Oktober 1967 in Rom »Zum Verhältnis zwischen menschlichem Wohl und christlichem Heil« auf dieser traditionellen Unterscheidung. Zwar hat es diese Internationale Theologenkommission sehr wohl vermieden, wie man zuvor befürchtet hatte, die Theologie der Befreiung zu verurteilen; sie hat vielmehr in einer sachlichen, im ganzen eher zu distanzierenden Weise auch etliche Inhalte der Theologie der Befreiung positiv hervorgehoben. Aber im ganzen ist man, wie der Titel des Schlußdokuments es schon andeutet, doch wieder von der traditionellen Unterscheidung zwischen menschlichem, irdischem Wohl und Glück der Menschen und dem überirdischen, christlichen Heil ausgegangen. So heißt es z. B. in diesem Dokument: »Man hat die zitierten Stellen des Zweiten Vatikanischen Konzils ohnehin zumeist in ihrer Tendenz zur ›Harmonie‹ zwischen menschlicher Weltgestaltung und eschatologischem Heil gelesen. So ist es an der Zeit, innerhalb der Zusammengehörigkeit beider wieder entschiedener ihre Differenz zur Geltung zu bringen.«[10]

Die Theologie der Befreiung wendet sich nun entschieden gegen eine solche Arbeitsteilung zwischen Kirche und Gesellschaft – und dies mit Recht. Wenn die Situation der Unterdrückung und Abhängigkeit Sünde ist, wenn diese Situation sündige Strukturen aufweist, ja institutionalisierte Sünde darstellt, dann wäre es allzu einfach, die Befreiung aus dieser Situation als eine rein politische Angelegenheit zu betrachten. Wenn es nur eine Geschichte gibt, in der alles, was geschieht, zum Heil oder Unheil der Menschen führt, dann können die Christen nicht im »Warteraum der Geschichte« verharren, dann kann die Kirche nicht nur das »Rette deine Seele!« verkünden. Der Kampf gegen die Unterdrückung und die Befreiung von Abhängigkeiten ist dann in Richtung auf die Verwirklichung des Reiches Gottes zu sehen und zu interpretieren.

Dabei gehen die Theologen der Befreiung nicht undifferenziert vor. Sie identifizieren nicht einfachhin Befreiung von Unterdrückung und Erlösung. G. Gutierrez z. B. unterscheidet drei Bedeutungsebenen von Befreiung: »Eine politische Befreiung, eine Befreiung des Menschen im Laufe der Geschichte und eine Befreiung von der Sünde und Eintritt in die Gemeinschaft Gottes... Die drei erwähnten Ebenen bedingen sich gegenseitig, sind aber nicht identisch. Die eine besteht nicht ohne die andere, bleibt aber von ihr verschieden. Zusammen konstituieren sie den einen umfassenden Heilsprozeß, liegen jedoch auf verschieden tiefen Schichten.«[11]

Daraus wird folgendes deutlich: *Zum einen* würde es den Traditionen des Alten und Neuen Testaments widersprechen, zwischen irdischem, menschlichem Wohl und Glück und christlichem, überirdischem Heil, zwischen Befreiung und Erlösung, zu trennen, ja auch nur eine beziehungslose Unterscheidung vorzunehmen. Es gehört zum Charakteristikum der Botschaft der Bibel, daß der von ihr bezeugte Gott ein menschenfreundlicher Gott ist (z. B. Tit 3,4), der nicht die Unterwerfung der Menschen zu seiner größeren Ehre fordert – eine Unterwerfung, die zu einer völligen Heteronomie des Menschen führen würde. Sondern der im Alten Testament erfahrene und von Jesus von Nazareth bezeugte Gott will das umfassende Wohl und Heil des Menschen, das Glück des Menschen in allen Dimensionen seines Daseins. Im Glauben können wir die beglückende Erfahrung machen, daß das Interesse Gottes am Menschen und unsere eigenen Interessen identisch sind: Sie sollen zur Befriedigung unserer Bedürfnisse, zu unserem Glück, zu unserer Vollendung führen.

Gerade diese integrierende Schau des Interesses Gottes und des Menschen machen das Charakteristikum der biblischen Botschaft aus und nicht die Aufteilung in ein irdisches Wohl und ein überirdisches Heil. Sofern es sich wirklich um einen Prozeß der Befreiung des Menschen von Unterdrückung handelt, der zu einer Befriedigung seiner Bedürfnisse führt, zeigt sich gerade *darin* und nicht daneben, daß Gott in der Geschichte durch den Menschen wirkt. Exemplarisch kommt dies im Neuen Testament dadurch zum Ausdruck, daß Jesus zu dem Gelähmten sagt: »Die Sünden sind dir vergeben« wie: »Steh auf, nimm deine Tragbahre und geh nach Hause!« (Mk 2,1–121 par.). Und es ist bezeichnend, daß als wichtigstes Kriterium beim kommenden Gericht das Stillen von Hunger und Durst, das Gewähren von Unterkunft, die Sorge für Kleidung und Gesundheit sowie das Besuchen eines Gefangenen angesehen werden (Mt 25,31–46). Bis auf das letzte Kriterium sind dies die Befriedigung der Bedürfnisse, die in der heutigen Diskussion um die Entwicklungspolitik als die Grundbedürfnisse des Menschen (Befriedigung von Hunger, Gewähren von Unterkunft, Kleidung, Gesundheit und Bildung) allgemein anerkannt werden. Zum *anderen* aber wird gerade auch aus den Ausführungen von G. Gutierrez deutlich, daß es einfachhin falsch ist, wenn man der Theologie der Befreiung einen sogenannten »Horizontalismus«, ein Aufgehen des christlichen Glaubens in »reine Humanität«, eine Reduzierung des Glaubens auf Politik oder dergleichen vorwirft. Wir wollen im Augenblick davon absehen, daß »Horizontalismus« und »Vertikalismus« völlig unpassende Kategorien sind, um das christliche Verständnis von Gottesdienst und Menschendienst zum Ausdruck zu bringen, weil das Charakteristische des christlichen Glaubens ja gerade darin besteht, daß Dienst am Menschen gerade als solcher Dienst an Gott ist, daß auch richtig verstandener Dienst an Gott aber auch den Menschen zugute kommt. Wir wollen hier auch nicht der Frage nachgehen, mit welchem Recht eigentlich bestimmte Theologen auf die humanistischen und humanisierenden Bemühungen von Nichtchristen herabschauen, die sich doch oft mehr um die Humanisierung der Gesellschaft bemüht haben als viele Christen [12]. Hier geht es vor allem darum, darauf hinzuweisen, daß die Theologie der Befreiung – wenigstens in der Mehrzahl ihrer Vertreter – sehr wohl darum weiß, daß Engagement in politischer Befreiungspraxis und das den Menschen von Gott geschenkte Heil nicht einfachhin identisch sind. Und dies vor allem auch deswegen, weil selbst ein noch so geglückter Befreiungsprozeß in dieser Welt nie zu seinem vollen Ende kommen wird, da zumindest die tiefstgreifende Entfremdung des Menschen, nämlich sein Tod, nicht überwunden werden kann, sondern die Vollendung des Menschen als Geschenk Gottes immer ausständig bleiben wird. Gerade dieses Bewußtsein und diese Hoffnung werden den Christen bei aller Leidenschaftlichkeit seines politischen Engagements auch vor Intoleranz und Fanatismus bewahren. Denn der Christ darf hoffen, daß trotz aller Schuld und trotz allen Versagens eine andere Wirklichkeit, die mächtiger ist als er, sein unvollendetes Werk zur Vollendung bringen wird[13].

2.4 Kirche und Politik

Die Theologie der Befreiung geht davon aus, daß die Kirche in der Geschichte schon immer ein politisches Faktum war und auch heute noch ist[14]. Kirche war und ist eine gesellschaftliche Assoziation, d.h. ein Zusammenschluß von Menschen, die in der Gesellschaft leben, Teil der Gesellschaft sind und damit den Einflüssen der Gesellschaft unterliegen, andererseits aber auch gesellschaftliche Macht, ja oft sogar politische Herrschaft ausüben. So haben z.B. die gottesdienstlichen Handlungen der Kirche schon immer eine politische Bedeutung gehabt und haben sie auch heute noch. Auch vom Gottesdienst gilt, was von der Kirche im ganzen von Bedeutung ist: Selbst und gerade einer Kirche, die sich betont apolitisch versteht und verhält, kommt eine große politische Bedeutung zu. Ein Gottesdienst und eine Kirche, die sich völlig supranaturalistisch verstehen, welche die gesellschaftliche und politische Situation gar nicht zur Kenntnis nehmen, sondern sich allein auf das Jenseits beziehen, haben gerade darin ihre politische, in diesem Fall die Gesellschaft stabilisierende, antireformerische und antirevolutionäre Wirkung. Unter solchen Voraussetzungen kann die Religion dann wirklich zum Opium des Volkes, zur imaginären Blume an der Kette der Unterdrükkung, zum Heiligenschein des Jammertals, zur illusorischen Sonne, die sich um den Menschen bewegt, werden, wie Karl Marx es ihr vorgeworfen hat. Aber gerade dann, wenn Gottesdienst und Kirche diese gesellschaftlich stabilisierende Funktion ausüben, kommt der Religion eine immense politische Funktion zu.

Dies gilt natürlich dann um so mehr, wenn christlicher Glaube verstanden wird als unabdingbare Verpflichtung, sich im Prozeß der Befreiung des Menschen zu engagieren, wenn im Gottesdienst artikuliert wird, daß der Emanzipationsprozeß einer Gesellschaft einen Prozeß der Menschwerdung darstellt, wenn Unterdrückung als eine Situation der Sünde interpretiert und das Engagement für die Befreiung der Menschen als eine Antwort des Glaubenden auf die ihm geschenkte Erlösung, ja als Teil dieses Erlösungsprozesses selbst verstanden wird.

Es ist hier natürlich nicht möglich, auch nur in Umrissen den geschichtlichen Prozeß des Verhältnisses von Kirche und Politik nachzuzeichnen. In Anlehnung an G. Gutierrez kann man aber zu Recht drei Idealtypen dieses Verhältnisses von Kirche und Politik unterscheiden[15].

Den ersten Idealtypus könnte man die *Situation der Christenheit* nennen, wie sie z. B. im Mittelalter in Europa gegeben war. In dieser Situation verfügten Bereiche wie Politik, Bildung, Kunst usw. über keine echte Autonomie. Die irdischen Wirklichkeiten hatten angesichts des erdrückenden Einflusses der Kirche keine Eigengesetzlichkeit. Die Wirklichkeit des Reiches Gottes ließ keinen Platz für eine profane Wirklichkeit. In dieser Sicht erscheint die Kirche als die alleinige Vermittlerin des Heils: »Außerhalb der Kirche kein Heil.« Unter diesen Bedingungen bedeutet ein Einsatz im Rahmen der irdischen Aufgaben für den Christen ein Engagement für das direkte und unmittelbare Wohl der Kirche. Politische Bemühungen hatten das Ziel, Voraussetzungen dafür zu schaffen, daß die Kirche ihren Missionsauftrag erfüllen konnte und daß ihre Interessen möglichst nicht verletzt wurden. Dies war auch der Geist, der weithin die konfessionellen Parteien in Europa und Lateinamerika gegen Ende des vorigen und zu Beginn dieses Jahrhunderts inspirierte. Dabei versteht es sich von selbst, daß es vor allem die Bischöfe und die Priester sind, die die Interessen der kirchlichen Institution vertreten, während die Laien aufgrund ihrer Stellung normalerweise nur die Gehilfen der Kleriker waren.

Die theologischen Kategorien, die einem solchen Weltbild zugrunde lagen, wurden in einer Phase der Kirchengeschichte entwickelt, die durch die enge Verbindung zwischen Kirche und gesellschaftlichem Leben gekennzeichnet war. Bei einer kritischen Wertung wird man sich zwar einer vorschnellen Verurteilung enthalten und auch in dieser Hinsicht die Geschichtlichkeit von Menschen und Kirche sehr ernst nehmen müssen. Klar aber ist, daß heute diese Einheit der Christenheit zerbrochen ist und daß auch die mit ihr verknüpften theologischen Kategorien ihren Wert und ihre Berechtigung eingebüßt haben.

Einen zweiten geschichtlich feststellbaren Idealtyp des Verhältnisses von Kirche und Politik kann man die *Situation der neuen Christenheit* nennen[16]. Im 19. und 20. Jahrhundert gab es nicht wenige Christen, die den Differenzierungsprozeß zwischen Kirche und sozialem Leben zur Kenntnis genommen und versucht hatten, bestimmte Konsequenzen daraus zu ziehen. Allerdings bediente man sich dabei bestimmter Kategorien, die sich von der traditionellen Mentalität der Christenheit nicht völlig freimachen konnten. Man sieht jetzt deutlich den Auftrag der Christen, eine Gesellschaft zu verwirklichen, deren Grundlagen Gerechtigkeit, Anerkennung der Rechte aller und menschliche Brüderlichkeit sind. Die Verteidigung der Rechte der Kirche tritt an die zweite Stelle. Man verteidigt die Autonomie des Zeitlichen gerade gegenüber der kirchlichen Hierarchie und verhindert damit, daß die Kirche in Bereichen interveniert, die sich von ihr emanzipiert haben. Die Ansicht, daß die Kirche eine Macht im Gegenüber zur Gesellschaft konstituiere, wird stark herausgestellt. Dennoch steht sie auch weiterhin im Zentrum des Heilswerks. Ein gewisser Kirchennarzißmus besteht fort. Denn indem man sich um eine gerechte und demokratische Gesellschaft müht, bemüht man sich auch um günstige Bedingungen für das Handeln der Kirche in der Welt. Das ausgesprochene oder unausgesprochene Ziel ist es, so etwas wie eine »profane Christenheit« zu schaffen, d. h. eine von christlichen Prinzipien inspirierte Gesellschaft.

Dem Laien kommt in einer solchen Situation eine neue Funktion zu. Er läßt sich in seinem Verhalten von christlichen Prinzipien inspirieren und handelt in eigener Verantwortung, was ihm natürlich größere Freiheit in politischen Verpflichtungen einräumt, die er übernimmt. Dem Laien obliegt es demnach, diese neue Christenheit zu schaffen. Zu diesem Zweck ist es vorteilhaft, sich in christlich orientierten Organisationen zusammenzuschließen.

Das Weltbild, das einer solchen Situation der neuen Christenheit zugrunde liegt, stellt einen ersten Versuch dar, die irdischen Aufgaben in den Augen des Glaubens sachgemäß zu werten und die Kirche besser in den Kontext der modernen Welt hineinzustellen. Es fehlt dabei sicher nicht an echtem Engagement auf seiten vieler Christen zur Schaffung einer gerechten Gesellschaft. Christen, das darf nicht vergessen werden, die sich diese Perspektive zu eigen machten, hatten häufig gegen die Abneigung konservativer Mehrheitsgruppen und gegen kirchliche Amtsträger zu kämpfen. Andererseits muß aber klar und deutlich gesagt werden, daß es sich hierbei in Wirklichkeit um nicht mehr als einen zaghaften, mißverständlichen und außerordentlich problematischen Ansatz handelt, in dem sich eine gewisse Sehnsucht nach Vergangenem, nach einer Wiederherstellung der »alten Christenheit« mit einer modernisierenden Haltung vermischt. Man hat dabei weder den neuzeitlichen Differenzierungsprozeß mit all seinen Konsequenzen, etwa der Säkularisierung, noch die Aussichtslosigkeit eines solchen Tuns ernsthaft bedacht.

Noch von einer dritten idealtypischen Form des Verhältnisses von Kirche und Politik soll hier die Rede sein. Man kann sie die Situation von *Kirche und Welt* nennen. Diese Konzeption hat viele theologische und kirchliche Diskussionen in der Nachkriegszeit, vor allem auch in der konziliären und nachkonziliären Zeit bestimmt. Man geht aus von einer sehr deutlichen Unterscheidung zwischen Kirche und Welt im Gesamtrahmen des einen göttlichen Heilsplans. Die Welt als eine von der Kirche unterschiedene Größe mit eigener Sinngebung erhält einen Stand in sich selbst. Man behauptet jetzt die Autonomie des Zeitlichen gegenüber der Sendung der Kirche. Die

Kirche als Institution darf nicht mehr in zeitliche Belange direkt intervenieren, es sei denn auf dem Wege über ethische Weisungen. Die Gestaltung der Gesellschaft hat also ihre eigenen Gesetzmäßigkeiten. Die Aufgabe der Kirche und die Aufgabe einer Humanisierung der Gesellschaft müssen scharf unterschieden werden. Ihre Einheit ist erst im kommenden Reich Gottes gegeben. Kirche und Welt tragen je auf ihre Weise zur Errichtung dieses Reiches Gottes bei.

In diesem Zusammenhang müssen auch die Aufgaben von Priester und Laien neu differenziert werden. Der Priester gibt seinen Aufgabenbereich in der Welt auf. Seine Sendung ist identisch mit der der Kirche. Wollte er sich direkt in politische Geschäfte einmischen, würde er seine Funktion verraten. Die Aufgabe des Laien ist es, sich für eine gerechte Gestaltung der Gesellschaft einzusetzen. In seinem zeitlichen Aufgabenbereich schafft der Laie in Zusammenarbeit mit anderen Menschen – Christen oder Nichtchristen – eine gerechtere und menschlichere Gesellschaft. Daneben gibt es die Sendung der apostolischen Laienbewegung, die aber nicht über die Sendung von Priester und Kirche hinausgeht.

Eine derartige Konzeption hat den Vorteil der Klarheit und ermöglicht den nicht leichten Ausgleich zwischen der Einheit des Heilsplans Gottes auf der einen und der Unterscheidung von Kirche und Welt auf der anderen Seite. Die Texte des Zweiten Vatikanischen Konzils sind im großen und ganzen von dieser Konzeption beeinflußt, wobei es allerdings noch Ansätze gibt, die schon darüber hinaus führen.

Es zeigt sich aber immer mehr, daß die Konzeption von »Kirche und Welt« in dieser Form in die Krise geriet. Das wurde zumeist ganz konkret deutlich in den Krisen derjenigen laienapostolischen Bemühungen, die von dieser Konzeption ausgingen. Darüber hinaus aber – und dies ist viel folgenreicher – zeigte es sich, daß gerade eine Kirche, die sich angeblich von dieser strikten Unterscheidung zwischen Kirche und Welt leiten ließ, auf vielfältige Weise mit den politischen Personen und den politischen Institutionen in Verbindung steht, welche die wirtschaftliche und politische Macht in der Welt von heute innehaben. Kann man unter diesen Bedingungen noch ehrlichen Herzens sagen, die Kirche mische sich in »das Zeitliche« nicht ein? Wenn die Kirche mit ihrem Schweigen, ihren guten Beziehungen oder ihren staatskirchenrechtlichen Privilegien ein ungerechtes System legitimiert, erfüllt sie dann nur eine religiöse Aufgabe?

Es wird auch immer mehr offenkundig, daß das Verbot der Einmischung der Kirche in die Politik nur in ganz bestimmter Hinsicht gilt. Die strikte Unterscheidung von Kirche und Welt wird dann betont, wenn das kirchliche System von außen her infrage gestellt wird, oder wenn eine innerkirchliche Gruppe durch politische Aktionen das politische System verunsichert. Das Prinzip der Nichteinmischung der Kirche in die Politik kommt also vor allem dann zur Anwendung, wenn es um die Erhaltung des Status quo geht. Es wird dann nicht in Anspruch genommen, wenn z.B. eine Bewegung des Laienapostolates oder eine Gruppe von Priestern eine Haltung einnimmt, die die bestehende Ordnung infrage stellt.

In Lateinamerika wird immer deutlicher, daß die Unterscheidung von Kirche und Welt sehr oft dazu dient, der politischen Option eines beträchtlichen Teiles der Kirche gegen die bestehende oppressive Ordnung die christliche Legitimation abzusprechen. Eine solche Konzeption des Verhältnisses von Kirche und Politik bezweckt dann nur allzu oft, sich von der Verpflichtung zu entbinden, für die Unterdrückten Partei zu ergreifen, unter dem Vorwand, der Einheit aller Christen zu dienen. Gerade diejenigen herrschenden Gruppen, die sich stets der Kirche bedient haben, um ihre eigenen Interessen zu verteidigen und ihre Privilegien abzusichern, appellieren heute an die rein religiöse und geistige Funktion der Kirche, vor allem dann, wenn sich innerhalb dieser Kirche Tendenzen herauskristallisieren, die das bestehende politische System infrage stellen.

Von hier aus gesehen ergibt sich die ganze Problematik von Kirche und Politik, das auf der Unterscheidung von Kirche und Welt gründet. In Richtung der Gedanken der Theologie der Befreiung könnte man deshalb von einem vierten Idealtyp des Verhältnisses von Kirche und Politik sprechen, von der *freien Kirche in einer freien Gesellschaft.*

Das beinhaltet zunächst einmal, daß der primäre Bezugspunkt der Kirche nicht mehr der Staat ist, sondern die Gesellschaft. Wenn eine Kirche wirklich frei ist von einer engen Bindung an den Staat – sei es in Form eines »Staatskirchentums«, in dem die Kirche völlig den Interessen des Staates unterworfen und sie zur Legitimation der staatlichen Herrschaft mißbraucht wurde, sei es in Form eines »Kirchenstaatstums«, in welcher der Staat völlig den Interessen der Kirche untergeordnet wird –, wenn sie frei ist auch gegenüber den mächtigen Institutionen und Verbänden in der Gesellschaft, dann kann sie die ihr zukommende und zustehende kritische Funktion gegenüber allen »Mächten und Gewalten«, gegenüber allen Mißständen und Unmenschlichkeiten wahrnehmen. Gerade unter Bezugnahme auf jene größere Wirklichkeit, auf die sich Jesus von Nazareth berufen hat, kann sie sich engagieren zugunsten der Benachteiligten und Entrechteten.

In diesem Sinne hat die Kirche gerade in unserer heutigen Gesellschaft auch eine eminent emanzipatorische Funktion. Sie befreit unter Bezugnahme auf die noch ausstehende Vollendung von jeder Vergötzung und Verabsolutierung kosmischer und politischer Mächte. J. B. Metz schreibt: »Aus der Erinnerung dieses eschatologischen Vorbehaltes kann und muß die Kirche ihre kritische Kraft beziehen gegenüber allen totalitären Systemen von Herrschaft und gegenüber allen Ideologien einer linearen, eindimensionalen Emanzipation. Wo sich nämlich die Geschichte der Freiheit ohne die Erinnerung dieses eschatologischen Vorbehaltes vollzieht, scheint sie immer wieder dem Zwang zu verfallen, ein innerweltliches Subjekt für die Gesamtgeschichte der Freiheit einzusetzen, das potentiell zur totalitären Herrschaft von Menschen über Menschen drängt: Sei es die Klasse, die Rasse, die Nation, was immer, sei es die Kirche, die sich im Sinne des Dostojewskischen Großinquisitors mißversteht.«[17]

Die Wahrheit ist konkret, und wenn die Kirche ihre kritische Funktion wahrnehmen will, dann muß sie konkrete politische Strukturen, gegebenenfalls konkrete politische Parteien und Personen beim Namen nennen. Allerdings darf sie dabei nicht in erster Linie an ihre eigenen Interessen als Institution denken – ohne diese legitimerweise ganz aus dem Auge zu verlieren –, sondern muß sich vor allem verstehen in einer dienenden Funktion für alle Menschen. Darüber hinaus aber darf sie auf keinem Fall ihre grundlegende Parteilichkeit für die Benachteiligten vergessen. Davon wird noch zu sprechen sein.

2.5 Prophetische Aufgabe der Kirche

Die traditionelle Theologie hat die Kirche vor allem als eine hierarchisch strukturierte Kirche gesehen. Sie hat aber vergessen, daß es vom Alten Testament über Jesus bis zur Urkirche hin eine ungebrochene prophetische Tradition gab.

Der Prophet weigert sich, in den Mitteln selbst schon das Ziel zu sehen. Er ist derjenige, der gerade die Mittel, die Medien, das Kategorielle, das Institutionelle radikal infrage stellt und der zentral auf das Wesentliche zugeht. Der Prophet gibt sich mit dem Erreichten nicht zufrieden, sondern er fragt danach, wie das Gegenwärtige als Instrument für die Zukunft verwendet werden kann. Weil der Prophet das Bestehende radikal infrage stellt, ist er in seinem Lande selten geachtet. Voller Unruhe ruft er dazu auf, dem Fremden, dem Neuen gegenüberzutreten, weil darin die Zukunft liegt. Diese Zukunft ist zwar noch unbestimmt, aber im Namen dieser Zukunft verunsichert der Prophet die Gegenwart, stellt er die gegenwärtige Situation mit all ihren Institutionen radikal infrage. Das prophetische Wort ist provokativ; es erregt Ärgernis. Es verunsichert die Etablierten in ihren traditionellen, religiös sanktionierten und sakralisierten Ordnungen. Das prophetische Wort ruft nach vorne, in die Zukunft, zu neuen Ufern.

Jesus selbst war eine prophetische Gestalt. So hat ihn auch seine Umwelt begriffen. Bei Lk 7,16 heißt es: »Furcht aber ergriff alle, und sie priesen Gott und sagten: ›Ein großer Prophet ist unter uns aufgestanden.‹« Jesus war ein radikaler Prophet. Er hat die religiösen und gesellschaftlichen Institutionen seiner Zeit grundsätzlich infrage gestellt. Sein Tod war eine Konsequenz seines prophetischen Tuns und seiner prophetischen Rede. Die Etablierten in Synagogen und Politik fanden sich zusammen, um ihn umzubringen, denn sie sahen ihre eigenen Positionen durch sein prophetisches Handeln zutiefst bedroht. Der Konflikt, den Jesus heraufbeschwor, war ein Konflikt auf Leben und Tod.

Eine Kirche, die sich auf Jesus beruft, verrät deshalb diese Sache Jesu, wenn das Prophetische in der Kirche keinen Raum mehr hat. Dessen war sich die frühe Kirche durchaus bewußt. In Eph 2,19f. heißt es: »So seid ihr denn nicht mehr Fremde und Beisassen, sondern seid Vollbürger mit den Heiligen und seid Hausgenossen Gottes, aufgebaut auf dem Fundament der Apostel und Propheten.« In 1 Thess 5,19f. lesen wir: »Den Geist löscht nicht aus. Achtet die Prophetie nicht gering!« In den ersten beiden Jahrhunderten bildete das Prophetentum ein konstitutives Element in der Kirche. Die Propheten unterschieden sich von den Aposteln vor allem dadurch, daß sie nicht als amtliche Zeugen sprachen, sondern aufgrund dessen, was der Geist ihnen eingab. Sie waren keine Missionare; sie verkündeten nicht die grundlegende Botschaft vom heilbringenden Tun Gottes in Jesus Christus, sondern das, was sich daraus für das Leben und das Verhalten der Menschen in der Gemeinde ergab. Ihnen ging es um das, was in der konkreten Situation zu tun ist.[18]

Der Kirche in den ersten beiden Jahrhunderten war bewußt, daß es das Charisma des Prophetentums in der Kirche geben müsse. In der Didache werden genaue Regeln aufgestellt über die Aufnahme von Propheten und über die Unterscheidung von echten und falschen Propheten. Um die Mitte des 2. Jahrhunderts argumentiert Justin in seinem »Dialog mit dem Juden Tryphon«: »Bei uns gibt es nämlich noch bis auf den heutigen Tag prophetische Charismen. Daraus sollt auch ihr ersehen, daß sie von eurem Volke, wo sie ehedem waren, auf uns übertragen wurden.«[19] Miltiades schreibt: »Die prophetische Gabe muß sich nach der Lehre der Apostel in der ganzen Kirche bis zur letzten Wiederkunft erhalten.«[20] Aber schon im 3. Jahrhundert beginnt man, das charismatische Prophetentum als eine Angelegenheit der Vergangenheit zu betrachten. Und so blieb es im Grunde bis heute.

An diese prophetische Tradition in der Kirche knüpft die

Theologie der Befreiung an. So heißt es z. B. in einer Erklärung der argentinischen Gruppe »Priester für die Dritte Welt«: »Unser Zeitalter erfährt eine Rückkehr zur Prophetie... Was einige Menschen besonders irritiert und verwirrt, ist die Tatsache, daß diese Veränderung der Kirche mit zunehmender Deutlichkeit ein politisches Engagement einschließt... Politisches Engagement impliziert gewisse konkrete und strittige Entscheidungen; es fordert Analyse, Strategie, Taktik... Gehören diese Dinge in den Bereich des Glaubens? Können sie durch Rückgriff auf die Prophetie gerechtfertigt werden?... Vergleiche zwischen gewissen Merkmalen der Prophetie und gegenwärtigen Ereignissen haben uns überzeugt, daß es weder wahre prophetische Verurteilung noch wahre prophetische Verheißung geben kann, solange Prophetie nicht auch auf Politik angewendet wird, solange sie unter politischen Entscheidungen nicht jene erkennt, die besser mit der Interpretation der Wirklichkeit in Einklang stehen... Folgende Themen z. B., die in der Prophetie auftreten, sind Gerechtigkeit, Freiheit, die Zukunft des Menschen... Prophetie entsteht in Krisensituationen, wenn eine Welt zugrunde geht und eine neue geboren wird. ...Prophetie prüft die Zeichen der Zeit... Diese Zeichen heißen heute ›Rebellion der Jugend‹, ›Freiheitskampf‹, die Suche nach Gestaltung eines ›Sozialismus mit menschlichem Antlitz‹. Gleichzeitig aber sind Prophetie und Politik zwei unterschiedliche Gegebenheiten, deren Selbständigkeit erhalten bleiben muß.«[21]

Es geschieht nicht von ungefähr, daß in den Gottesdiensten, die von der Bewegung der Theologie der Befreiung geprägt sind, immer wieder die Propheten des Alten Testamentes zu Worte kommen. In den geißelnden Anklagen der Propheten, die immer wieder soziale Mißstände brandmarken, sich für die Rechte der Unterdrückten einsetzen und die Besitzenden zur Umkehr mahnen, sehen die Theologen der Befreiung exemplarische Vorbilder für eine Haltung, die sich die Kirche als ganze heute zu eigen machen muß. K. Lehmann kommt sogar zu dem Urteil: »Dieser prophetische Aufschrei des lateinamerikanischen Christentums angesichts der großen Armut und des unendlichen Elends ist die wahre

Mitte der Theologie der Befreiung.«[22] Mit einigem Recht weist Lehmann allerdings auch auf die Problematik eines solchen prophetischen Bewußtseins hin, denn die Prophetie tut sich per definitionem schwer, sich rationalen Kriterien zu stellen. Prophetisches Urteil und prophetische Kritik sind ja, da sie konkret sind, immer verbunden mit einer ganz bestimmten Sicht der Gesellschaft. Insofern sie zum konkreten Handeln anleiten wollen, sind sie involviert in einen ganz bestimmten gesellschaftlichen Kontext. Zum prophetischen Tun gehören immer auch Intuition, praktisches Urteil, konkrete Imperative, deren Verifizierung oder Falsifizierung sich erst post festum ergibt.

Trotz all dieser Schwierigkeiten ist es bleibende Aufgabe der Kirche, »die Zeichen der Zeit« zu deuten. Es geht im christlichen Glauben nicht nur um eine vergangene Wirklichkeit, auf die wir zurückschauen. Das sicher auch. Es geht um die Erinnerung an Leben und Sterben und Auferweckung dieses Jesus von Nazareth. Es geht aber noch viel mehr um eine zukünftige, noch ausstehende Wirklichkeit, auf die hin die Christen unterwegs sind. Es geht darum, die gegenwärtigen gesellschaftlichen Bedingungen zu ändern, um einen Zugang zur Wahrheit von der kommenden Herrschaft Gottes zu eröffnen. Das eschatologische Reden von Gott zwingt angesichts der bleibenden Differenz zwischen der erwarteten zukünftigen Gottesherrschaft und der gegenwärtigen Situation der Welt zu einer Veränderung dieser Situation und der Menschen in ihr. Wir können Gott und seine Herrschaft nur ernst nehmen, wenn uns das Bestehende nicht gleichgültig ist und nicht gleichgültig läßt. Damit erhält die Kirche eine eminent gesellschaftskritische Funktion. Sie muß ihre Stimme erheben, wenn Menschen vergewaltigt und gefoltert, wenn ganze soziale Klassen unterdrückt, wenn der Status quo absolut gesetzt wird um der Privilegien einer Minderheit willen. Die Kirche muß wie die Propheten überall dort ihre Stimme erheben, wo Menschen sich selbst entfremdet werden.

In bestimmten Kreisen der Gesellschaft, der Wissenschaft und der Kirche ist es anrüchig, von der Existenz sozialer Klassen in der Gesellschaft zu sprechen. Sehr schnell wird man als Ideologe oder als Marxist abqualifiziert[23]. Papst Paul VI. hatte keine Hemmungen, in seiner Ansprache vom 22. 5. 1966 aus Anlaß der 75-Jahr-Feier der Enzyklika »Rerum novarum« wie selbstverständlich von der »Arbeiterklasse« zu sprechen[24]. Angesichts der verbreiteten Verschleierung der Tatsache der Klassengesellschaft kann man Th. Geiger nur zustimmen: »Eine Klasse leugnet mit Entrüstung, Klasse zu sein, und führt einen erbitterten Klassenkampf gegen Wirklichkeit und Idee des Klassenkampfes.«[25] Auch die Enzyklika »Quadragesimo anno« geht von der Tatsache des Klassenkampfes aus (Nr. 83), ja, die Notwendigkeit eines – allerdings »entgifteten« – Klassenkampfes wird anerkannt (Nr. 114). Schon vorher hatte Pius XI. 1925 in einem Gespräch mit Joseph Cardeijn gesagt: »Es ist der größte Skandal der Kirche im 19. Jahrhundert, daß sie die Arbeiterklasse verloren hat.«[26]

Für die Theologen der Befreiung ist es völlig klar, daß die lateinamerikanische Gesellschaft eine Klassengesellschaft darstellt und der Klassenkampf Tatsache ist. G. Gutierrez schreibt: »Der Klassenkampf ist in der Tat Bestandteil unserer wirtschaftlichen, gesellschaftlichen, politischen und religiösen Wirklichkeit... Die Tatsache des Klassenkampfes anzuerkennen, hängt nicht von unseren ethischen oder religiösen Optionen ab.«[27]

In diesem Kampf der Klassen aber gibt es im Grunde keine Neutralität – und darf es auch keine für die Christen und für die Kirche geben. Wer sich angesichts der bestehenden Klassenunterschiede für neutral erklärt, bestätigt nur die Ungerechtigkeit des Status quo. Wer sich neutral verhalten will, muß sich darüber im klaren sein, daß er damit für die Fortdauer der Unterdrückung eintritt.

Kirche muß parteilich sein, wie Jesus selbst parteilich war. Er hat sich aus den sozialen Konflikten nicht herausgehalten, sondern eindeutig Partei ergriffen für die Verachteten und

Unterdrückten seiner Zeit, z.B. für die Frauen, für die Unreinen, für die Kinder, für die Dirnen. Gutierrez schreibt: »Wer das Faktum des Klassenkampfes leugnet, schlägt sich in Wirklichkeit auf die Seite der herrschenden Kreise. Neutralität in dieser Frage gibt es nicht... Wenn die Kirche den Klassenkampf ablehnt, dann verhält sie sich objektiv wie ein Bestandteil des etablierten Systems, das in der Tat das Faktum des Klassenkampfes bestreitet, um die Situation der gesellschaftlichen Trennung aufrechtzuerhalten, auf der die Privilegien der Nutznießer beruhen. Dies wäre nichts anderes als eine klassenorientierte Sehweise, die sich fälschlicherweise mit einer vermeintlichen Gleichheit vor dem Gesetz tarnt.«[28]

Indem die Kirche sich für die Unterdrückten einsetzt, vollzieht sie die Nachfolge Jesu Christi. Sie hat im Grunde gar keine Wahl, wenn sie die Sache Jesu nicht verraten will.

Wie aber steht es dann mit der Universalität des Heiles, welches die Kirche allen Menschen zu bezeugen hat[29]? Kann sie jemanden von ihrer Liebe ausschließen? Die Peruanische Bischofskonferenz hat in ihrem Dokument zur Vorbereitung der Bischofssynode in Rom 1971 eine überzeugende Antwort gegeben: »Für die Kirchengemeinschaft Perus bedeutet dies, in einem persönlichen und gemeinschaftlichen Engagement für die Unterdrückten und Ausgestoßenen einzutreten. Dieses Engagement schließt keinen Menschen von unserer Liebe aus. Uns für die vielfältig Unterdrückten zu engagieren, ist für uns eine wirksame Form der Liebe zu denen, die vielleicht unbewußt gerade durch ihre Rolle als Unterdrücker selbst unterdrückt sind.«[30] Indem die Kirche für die Unterdrückten eintritt, befreit sie auch die Unterdrücker: von ihrer Abhängigkeit zu herrschen, von ihrer Angst, von ihrem Leistungszwang, von dem Hunger nach mehr Reichtum und Einfluß. So sieht es auch G. Girardi: »Durch die Aufforderung, nicht unparteiisch zu sein, zwingt uns das Evangelium, uns Gegner zu verschaffen und uns mit ihnen auseinanderzusetzen... Der Christ soll jeden Menschen lieben, jedoch nicht jeden auf die gleiche Weise. Wir lieben den Unterdrückten, indem wir ihn verteidigen und befreien; den Unterdrücker, indem wir ihn anklagen und bekämpfen. Liebe zwingt uns zum Kampf um die Befreiung all derer, die in einer Situation objektiver Sünde leben. Die Befreiung der Reichen und die Befreiung der Armen wird gleichzeitig verwirklicht. Paradoxerweise kommt es dazu, daß der Klassenkampf der Universalität der Liebe nicht nur nicht widerspricht, sondern geradezu von ihr gefordert wird.«[31]

2.7 Kirche der Armen

Die Forderung nach einer Kirche der Armen hat in der Geschichte der Kirche immer wieder eine große Bedeutung gehabt. Auch im Zusammenhang mit dem Zweiten Vatikanischen Konzil wurde dieses Leitbild der Kirche als einer Kirche der Armen immer wieder diskutiert. Einen Niederschlag haben diese Erörterungen in der Kirchenkonstitution gefunden, wo es in der Nummer 8 heißt: »Wie aber Christus das Werk der Erlösung in Armut und Verfolgung vollbrachte, so ist auch die Kirche berufen, den gleichen Weg einzuschlagen, um die Heilsfrucht den Menschen mitzuteilen. Christus Jesus hat, ›obwohl er doch in Gottesgestalt war,... sich selbst entäußert und Knechtsgestalt angenommen‹ (Phil 2,6); um unseretwillen ›ist er arm geworden, obgleich er doch reich war‹ (2 Kor 8,9). So ist die Kirche, auch wenn sie zur Erfüllung ihrer Sendung menschlicher Mittel bedarf, nicht gegründet, um irdische Herrlichkeit zu suchen, sondern um Demut und Selbstverleugnung auch durch ihr Beispiel auszubreiten.«

Diese Forderung nach einer Kirche der Armen wurde von der Theologie der Befreiung aufgenommen und fand auch in den Schlußdokumenten der Bischofskonferenzen von Medellin und Puebla ihren Ausdruck. Ein ganzes Kapitel des Dokuments von Puebla trägt den Titel »Bedingungslose Entscheidung für die Armen«. Einleitend heißt es in diesem Kapitel: »Auch zehn Jahre nach der zweiten lateinamerikanischen Bischofsversammlung lebt die überwältigende Mehrheit unserer Brüder und Schwestern weiterhin in einer Situation der Armut, ja sogar des Elends, die sich noch verschärft hat. Diese Menschen müssen die elementarsten materiellen Güter entbehren, und zwar in Kontrast zu einer Minderheit, die häufig auf Kosten der vielen Armen den Reichtum zusammenrafft. Allerdings mangelt es diesen Armen nicht nur an materiellen Gütern, sondern sie haben auch kaum eine Möglichkeit der vollen Mitwirkung in Gesellschaftsleben und Politik, was doch zur menschlichen Würde dazugehört. Unter diesen Bedingungen leben vor allem unsere Indianer, Landarbeiter und Kleinbauern, Industriearbeiter, städtische Randgruppen und insbesondere die Frauen dieser gesellschaftlichen Bereiche, weil sie doppelt unterdrückt und an den Rand geschoben sind« (Nr. 1135).

Was bedeutet dies aber, daß die Kirche eine Kirche der Armen sein soll? Ist die Armut ein Ideal? Ist sie eine Tatsache, mit der man sich abfinden muß? Was bedeuten die Seligpreisungen der Armen im Neuen Testament?

Die Theologie der Befreiung sieht sehr wohl die Ambivalenz des Begriffes der Armut, die Gefahr auch, bei der Behandlung dieses Themas in Sentimentalität und Paternalismus abzuirren. So wird zunächst einmal unter Rückgriff auf die alttestamentarischen Traditionen darauf hingewiesen, daß Armut einen Skandal darstellt, daß sie der Würde des Menschen radikal widerspricht und folglich auch dem Willen Gottes völlig zuwider ist. Gerade die Propheten sind es, welche diejenigen verurteilen, die Armut verursachen: »So spricht der Herr: Wegen der drei Verbrechen, die Israel beging, wegen der vier nehme ich es nicht zurück: Weil sie den Unschuldigen für Geld verkaufen und den Armen für ein paar Sandalen. Sie treten den Armen auf den Kopf und drängen die Elenden an den Rand« (Am 2,6f.). Im Alten Testament finden sich die verschiedenen Traditionen, die sich gegen eine Ausbeutung der Menschen wenden. Der Protest der Propheten gegen die Armut bezieht sich immer wieder auf die Tradition des Moses, der sein Volk aus Sklaverei, Ausbeutung und Entfremdung in Ägypten befreite. Darüber hinaus aber gibt es noch ein anderes, durchschlagendes Motiv. Unterdrückung des Armen ist ein Vergehen gegen Gott selbst, weil der sich die Sache der Armen zu eigen gemacht hat. G. Gutierrez interpretiert es so: »Gotteserkenntnis heißt Praxis der Gerechtigkeit unter den Menschen. Gott begegnen wir in jedem Kontakt mit den Menschen. Was wir den anderen tun, tun wir dem Herrn. Mit einem Wort gesagt: Das Bestehen von Armut spiegelt einen Bruch in der Solidarität der Menschen untereinander und in ihrer Gemeinschaft mit Gott. Armut ist Ausdruck von Sünde, d.h. der Verneinung von Liebe.«[32]

Es gibt aber noch eine andere Linie in der Bibel. Arm werden auch diejenigen genannt, die sich für Gott offenhalten, die Gott zur Verfügung stehen. Armut wird Synonym für Glauben und Vertrauen auf Gott. Von hier aus ist auch die Seligpreisung der Armut im Neuen Testament zu verstehen: »Selig die Armen im Geiste, denn ihnen gehört das Himmelreich« (Mt 5,1). Oder nach Lukas: »Selig seid ihr Armen, denn euch gehört das Reich Gottes« (6,20). Aber Gutierrez hat wohl recht, wenn er gerade die lukanische Version so interpretiert, daß damit nicht gemeint sei, die Armen sollen ihre Armut akzeptieren, denn die von ihnen erlittene Ungerechtigkeit werde ihnen später im Reiche Gottes vergolten werden. Vielmehr muß diese Seligpreisung im Kontext der Verkündigung Jesu von der bereits begonnenen Gottesherrschaft gesehen werden. Dies bedeutet, daß die Überwindung von Ausbeutung und Armut, welche die Armen an ihrem vollen Menschsein hindert, bereits begonnen hat und ein Reich der Gerechtigkeit angebrochen ist. Jesus preist die Armen deshalb selig, weil das Hereinbrechen der Herrschaft Gottes ihrer Armut ein Ende setzt und der Grundstein zu einer brüderlichen Welt gelegt wird. Armut ist und bleibt ein Widerspruch zur Würde des Menschen und ist unvereinbar mit dem Reiche Gottes, das bereits in der Geschichte begonnen hat.

In diesem Sinne wird Armut für die Theologie der Befreiung eine Haltung der Solidarität mit den Armen, eines Protestes gegen die Armut und eines Engagements im Kampfe gegen die Armut. »Armut ist eine Tat der Liebe und der Befreiung und hat als solche erlösenden Wert... Christliche Armut findet ihren Sinn als engagierte Solidarität mit den Armen, die Elend und Ungerechtigkeit ausgeliefert sind... Auf keinen Fall also darf Armut idealisiert werden... Man steht nur dann wirklich auf der Seite der Armen, wenn man gegen die Armut kämpft.«[33]

Aus einer solchen theologischen Sicht versteht sich die bereits zitierte bedingungslose Entscheidung für die Armen, welche die Bischofskonferenz von Puebla getroffen hat. Den Bischöfen ist dabei bewußt, daß es sich dabei nicht um eine spiritualistische Option handelt, sondern daß das Eintreten für die Armen eine Frage von Leben und Tod sein kann. »Die Entscheidung, die eine Forderung der skandalösen Wirklichkeit Lateinamerikas ist, muß zu einem menschenwürdigen Zusammenleben und damit zu einer gerechten und freien Gesellschaft führen.«[34] Die Kirche Lateinamerikas zieht daraus aber auch Konsequenzen für ihre eigene Praxis: »Um die Forderung nach christlicher Armut leben und verkündigen zu können, muß die ganze Kirche ihre Strukturen und müssen alle Kirchenmitglieder ihr Leben überprüfen. Dies gilt vor allem für die Pastoralträger. Es geht um eine tatsächliche Umkehr, ohne die die Kirche die Armen nicht wirklich evangelisieren kann.«[35] Bereits hier wird deutlich, welch große Herausforderung eine solche Sicht für die Kirche in der ersten Welt bedeutet. Darauf werden wir zurückkommen.

2.8 Kirche des Volkes

Bekanntlich hat das Zweite Vatikanische Konzil den Gedanken des Volkes Gottes unter Anknüpfung an alttestamentliche Traditionen als Schlüsselbegriff für die Wirklichkeit der Kirche benutzt. So heißt es etwa in der Kirchenkonstitution (unter Benutzung eines Zitates von Cyprian): »So erscheint die ganze Kirche als ›das von der Einheit des Vaters und des Sohnes und des Heiligen Geistes her geeinte Volk‹« (Nr. 4).

Auch in der Ekklesiologie der Theologie der Befreiung spielt der Begriff Volk eine große Rolle. Oft wird von der Kirche des Volkes, von Volkskatholizismus, Volksfrömmigkeit, Volksreligiosität, Volkskirche gesprochen. Was ist hier mit Volk gemeint?

Um es gleich vorweg zu nehmen: Mir scheint die Verwendung des Begriffes Volk sehr undeutlich und dazu problematisch zu sein. Dabei mag mitspielen, daß dieser Begriff in der spanischen und deutschen Sprache eine je verschiedene Tönung hat. Hinzu kommt, daß die mißbräuchliche Verwendung des Begriffes Volk durch den Nationalsozialismus diesen im deutschsprachigen Raum in ein schiefes Licht gebracht hat.

Auch die Bischofskonferenz von Puebla bekundet ihre Zurückhaltung gegenüber dem Begriff Volkskirche. »Das Problem der ›Volkskirche‹, die aus dem Volk geboren wird, weist verschiedene Aspekte auf. Wenn sie sich als Kirche versteht, die bemüht ist, in den unteren Volksschichten unseres Erdteils Gestalt anzunehmen, und dabei aus der gläubigen Antwort dieser Gruppen auf den Herrn entsteht, dann vermeidet sie das erste Hindernis: eine scheinbare Verneinung der Grundwahrheit nämlich, daß die Kirche immer aus einer Erstinitiative ›von oben‹ geboren wird, d. h.: vom Herrn, der sie zusammenruft. Aber die Bezeichnung scheint uns wenig geeignet zu sein. Die ›Volkskirche‹ erweckt den Eindruck, sich von der ›anderen‹, ›offiziellen‹ oder ›institutionellen‹ Kirche, die der ›Entfremdung‹ bezichtigt wird, abzusetzen. Dies aber bedeutet Spaltung in der Kirche« (Nr. 263). Hier ist für den deutschsprachigen Leser gleich hinzuzufügen, daß Volkskirche nicht in dem uns bekannten Sinne benutzt wird als eine Sozialgestalt der Kirche, die vor allem dadurch gekennzeichnet ist, daß Kirche in einem bestimmten Lande identisch oder quasi-identisch ist mit dem gesamten Volk in diesem Lande, so wie es Kardinal Wyszynski für Polen exemplarisch zum Ausdruck gebracht hat: Wer polnisch ist, ist katholisch, wer katholisch ist, ist polnisch. Vielmehr wird in Lateinamerika der Ausdruck Volkskirche vor allem in dem Sinne benutzt, wie man bei uns zum Teil heute noch von Volkstheater, Volksbad, Volksküche, Volkssprache usw. spricht, d. h. also im Hinblick auf Einrichtungen, die für die unteren sozialen Schichten einer Gesellschaft bestimmt sind.

Gerade diese Unbestimmtheit macht den Gebrauch des Wortes Volkskirche im Zusammenhang mit Kirche und Religion in meinen Augen so problematisch. Wenn dann diese Unbestimmtheit noch religiös überhöht wird und wenn vom Vertrauen in das Volksbewußtsein[36] oder von dem Volk als locus theologicus oder gar als bevorzugtes Heiligtum und Sakrament der Gegenwart Christi gesprochen wird, dann wird man einem solchen pseudotheologischen Populismus entgegentreten müssen[37].

Etwas anderes ist es, wenn mit dem Begriff »Kirche des Volkes« zum Ausdruck gebracht werden soll, daß die Kirche sich für die Unterdrückten und Ausgebeuteten einsetzt und sich mit ihnen solidarisiert. Um dies zu formulieren, scheint mir aber der Begriff der Kirche der Armen weniger mißverständlich und biblischer zu sein.

Ebenfalls richtig ist der Gedanke, daß die Kirche nicht mehr eine Kirche *für* das Volk, sondern eine Kirche *des* Volkes sein soll, daß die Mitglieder der Kirche also nicht mehr länger zu hütende Schafe, auch nicht zu betreuende Kinder und unmündige Söhne und Töchter sind, sondern selbst Subjekt des kirchlichen Lebens, ja des geschichtlichen Handelns überhaupt[38]. Das hat natürlich seinen biblisch sehr gut zu begründenden Sinn, sollte aber meiner Ansicht nach ebenfalls nicht mit dem problematischen Begriff »Kirche des Volkes« bezeichnet werden.

In diesem Zusammenhang sollen noch einige kurze Bemerkungen gemacht werden zu dem sehr komplexen Phänomen der Volksreligiosität. Bekanntlich ist die Volksreligiosität, wie sie sich unter anderem in Wallfahrten, religiösen Liedern, Tänzen, Sitten und Gebräuchen niederschlägt, für den gelebten Glauben in Lateinamerika sehr charakteristisch und konstitutiv. Man wird aber sogleich auf die Ambivalenz dieser Volksreligiosität aufmerksam machen müssen.

Auf der einen Seite bietet sie der lateinamerikanischen Kirche eine ganz bestimmte Form von Identität und schenkt vielen Menschen eine Antwort auf ihre Lebensprobleme. Sie bietet eine große Chance, bis in das Herz der Menschen vorzudringen, und verleiht diesen Menschen die Möglichkeit, sich im Raum der Kirche auch aktiv zu betätigen. »So kommt es, daß die Religiosität des lateinamerikanischen Volkes häufig zu einem Schrei nach ›wahrer Befreiung‹ wird. Dies ist ein Verlangen, dessen Erfüllung noch aussteht.«[39]

Auf der anderen Seite ist aber auch nicht zu übersehen, daß in diese Volksreligiosität viele Elemente von Aberglauben,

Magie, Fatalismus, Fetischismus und Ritualismus ihren Eingang gefunden haben und daß sich Regressionen und unchristlicher Synkretismus in Ersatzphänomenen Ausdruck verschafft haben. Wer einmal an einem synkretistischen Gottesdienst teilgenommen hat, wird dies nur bestätigen können. Es wird also ganz darauf ankommen, wie sehr es den einzelnen Gemeinden jeweils gelingt, similationsfähige Werte und Gebräuche zum Ausdruck christlichen Glaubens werden zu lassen. Auch dafür gibt es zahlreiche positive Beispiele.

2.9 Die Basisgemeinden

Die Theologie der Befreiung ist eng mit dem Leben der Basisgemeinden verbunden. Was aber hat man unter solchen Basisgemeinden zu verstehen?

Von vornherein wird man sehen müssen, daß sich unter dieser Bezeichnung eine mannigfaltige Vielgestaltigkeit von Gruppen verbirgt. Es ist ein bißchen Mode geworden, daß jede Gruppe in der Kirche Lateinamerikas sich Basisgemeinde nennt, angefangen von Gruppen der Cursillo-Bewegung bis zu Aktionsgruppen von Christen in den Gewerkschaften. Zum Teil haben sich diese Basisgemeinden im Rahmen der bestehenden Pfarreien gebildet. Wieder andere entstanden in den zahlreichen Slums der Großstädte oder in den Dörfern der verarmten Campesinos.

Das Charakteristische an den Basisgemeinden Lateinamerikas scheint mir zu sein, daß sich Gruppen von Christen gebildet haben, die regelmäßig zusammenkommen, die versuchen, ihr alltägliches Leben, ihre Leidensnöte und Freuden, ihre Probleme und Schwierigkeiten im Lichte des christlichen Glaubens zu interpretieren, die miteinander Gottesdienst feiern und – dies ist sehr wichtig! – gemeinsam versuchen, ihre Situation der Unterdrückung zu verändern. Gerade diese enge Verbindung von konkreten gesellschaftlichen und politischen Aktionen zur Verbesserung ihrer Situation und die ständige Konfrontation mit dem und Meditation über den Glauben ist typisch für sie. Traditionell gesprochen könnte man von einer engen Verbindung zwischen vita activa und vita contemplativa sprechen.

In den Basisgemeinden ist der Sache nach sehr oft das spürbar, was P. Freire die Bewußtmachung genannt hat[40]. Dies bedeutet: In den Basisgemeinden, deren Mitglieder zum größten Teil aus den untersten sozialen Klassen kommen, wurde ein Prozeß initiiert, in dessen Verlauf die Menschen von ihrer Lethargie und von ihrem Fatalismus allmählich befreit wurden. Ihnen wurden ihre eigenen Nöte erstmals bewußt, sie kamen allmählich dazu, ihre Leiden begrifflich zu erfassen. Allmählich lernten sie erkennen, daß es auch Alternativen zu ihrem Leben gibt, daß ihre Lage nicht so sein muß und daß sie selbst etwas zur Veränderung ihrer Abhängigkeitssituation tun können. Dies ist ein langer Weg, mit vielen Mißerfolgen gepflastert. Dennoch ist es ganz erstaunlich, mitzuerleben, wie z.B. Frauen, wie alte Menschen, wie Analphabeten, wie unterdrückte Campesinos über ihre Probleme sprechen, ihre Situation analysieren, politische Konsequenzen daraus ziehen und Verantwortung übernehmen können. In diesen Basisgemeinden vollzieht sich tatsächlich so etwas wie ein Prozeß der Befreiung und Menschwerdung.

Das erstaunliche an diesen Basisgemeinden ist, daß sie eine wirkliche Bewegung sind, ein Zeichen der Zeit, das zweifellos aus der Inspiration des Geistes Gottes in der Kirche entstanden ist. Niemand hat sie angeordnet; sie kamen nicht auf Beschluß einer Bischofskonferenz zustande. Etwas vereinfacht ausgedrückt: Auf einmal waren sie da! Ich bin überzeugt davon, daß die Zukunft der katholischen Kirche in Lateinamerika entscheidend von ihnen abhängt. Die traditionellen Formen und Strukturen der Kirche in Lateinamerika (und anderswo!) bieten keine Gewähr für ein Überleben der Kirche. Wir werden noch davon zu sprechen haben. Aber wenn es, wie es in den letzten zehn Jahren der Fall war, gelingt, die Bewegung der Basisgemeinden zu intensivieren und von ihnen aus der gesamten Kirche ein neues Gepräge zu geben, dann wird die Kirche in Lateinamerika auch in Zukunft eine glaubwürdige Zeugin der Sache Jesu sein.

Die Theologie der Befreiung ist aus diesen Basisgemeinden

heraus entstanden. Dies ist auch ganz konkret so zu verstehen, daß die meisten der maßgebenden Theologen der Befreiung in solchen Basisgemeinden leben oder zumindest eng mit ihnen zusammenarbeiten. Sie erleben mit, was in diesen Gemeinden geschieht, erfahren die Not und Unterdrückung der Mitglieder der Gemeinde, sie nehmen an dem spirituellen Leben der Gemeinde Anteil, engagieren sich selbst in politischen Aktionen und nehmen damit auch das gesamte Risiko für ihre eigene Existenz auf sich. Andererseits erfahren die Gemeinden aus den Überlegungen der Theologen auch kritische Impulse und Anstöße für ihre eigene Arbeit. Aber kennzeichnend für mich war, daß bei einem Treffen von Vertretern der Basisgemeinden, an denen führende Theologen der Befreiung teilnahmen, der Schwerpunkt eindeutig bei den Erfahrungsberichten aus den einzelnen Gemeinden und den gemeinsamen Diskussionen sowie bei den Gottesdiensten lag, die Theologen aber ganz im Hintergrund blieben. Daß ein Theologe auf einem solchen Treffen referiert, ist undenkbar. Bezeichnenderweise wurde auch der Wortgottesdienst von einem Campesino gehalten, der weder lesen noch schreiben konnte, der aber allen anwesenden Bischöfen, Priestern, Theologen und Laien exemplarisch vormachte, wie man einen lebendigen Gottesdienst gestalten kann.

Symptomatisch scheint mir zu sein, daß man, zumindest im deutschsprachigen Raum, seit neuestem versucht, nicht mehr von Basisgemeinden, sondern von Basisgemeinschaften zu sprechen (so auch in der hier benutzten provisorischen Übersetzung des Schlußdokuments der Bischofskonferenz von Puebla), obwohl es im Spanischen für Gemeinde und Gemeinschaft nur ein gemeinsames Wort gibt (comunidad). Selbst wenn man davon absieht, wie ideologiebefrachtet das Wort Gemeinschaft im deutschsprachigen Raum ist (angefangen von der problematischen Gegenüberstellung von Gemeinschaft und Gesellschaft durch F. Tönnies, der romantischen Benutzung des Wortes durch die Jugendbewegung und den Mißbrauch des Wortes durch den Nationalsozialismus), scheint mir die Verleugung des Gemeindecharakters für diese Gruppen ein Hinweis darauf zu sein, daß man ihre Bedeutung minimalisieren, ja sie gewissermaßen im Rahmen der traditionellen Pfarrstrukturen domestizieren will. Dies aber wäre ein ganz verhängnisvoller Vorgang. Basisgemeinden in dem oben beschriebenen Sinne sind Kirche, in ihnen verwirklicht sich Kirche, in ihnen wird Kirche vor ort präsent und glaubwürdig. Dies gilt vor allem dann, wenn diese Basisgemeinden von einem Ordinierten inspiriert, partnerschaftlich geleitet werden und regelmäßig zur Eucharistiefeier zusammenkommen. In den vielen Fällen, wo kein ordinierter Gemeindeleiter vorhanden ist, kann man diesen Basisgemeinden dennoch nicht den gemeindlichen Charakter im theologischen Sinne absprechen. Anstatt sie von neuem in die bestehende Pfarrstrukturen integrieren zu wollen, wäre es die richtige Konsequenz, endlich die bestehenden Kirchengesetze dahingehend zu ändern, daß geeignete Mitglieder dieser Gemeinden, ob verheiratet oder nicht, ob Frau oder Mann, ob theologisch ausgebildet oder nicht, ob hauptberuflich, nebenamtlich oder vor allem auch ehrenamtlich als Gemeindeleiter tätig, zur Ordination zugelassen werden. Durch die Ordination durch den zuständigen Bischof käme auch sichtbar zum Ausdruck, was sehr wesentlich ist, daß diese Basisgemeinden keine Sekten bilden, sondern mit der Großinstitution Kirche in Kommunion stehen.

2.10 Spiritualität der Befreiung

Nicht wenige Kritiker der Theologie der Befreiung werfen ihr vor, sie führe zu einem reinen Horizontalismus, zu einem hektischen Aktivismus und sie reduziere den christlichen Glauben auf das Engagement im Klassenkampf. So schreibt etwa A. Rauscher im Hinblick auf die Theologie der Befreiung: »Das Christentum ist keine innerweltliche soziale Heilslehre, und es kann nicht genügen, die Transzendenz kurzerhand in die eschatologische Hoffnung zu verlagern... Was von der christlichen Botschaft übrigbleibt, ist allenfalls eine Garnierung, nämlich eine letzte Vertröstung des Menschen auf die vollkommene eschatologische Berufung.«[41] Solche Kritiker haben den springenden Punkt der Theologie der Befreiung nicht verstanden, daß man nämlich nur auf dem Weg über den Menschen zu Gott gelangen kann, daß es aber um beide Wirklichkeiten geht: um Gott und den Menschen, und daß man die eine Wirklichkeit ohne die andere verrät. Diese Kritiker haben vor allem wohl nie erfahren, mit welcher Leidenschaft, mit welcher tiefen Frömmigkeit eine Gemeinde, die vom Geiste der Theologie der Befreiung geprägt ist, betet, meditiert, Gottesdienste und Feste feiert.

Es wird deutlich geworden sein, daß Spiritualität der Befreiung natürlich nicht heißen kann, daß der einzelne Christ sich einer welt- und geschichtslosen Frömmigkeit hingibt. Gott und seine Seele genügen ihm eben nicht. Vielmehr bedeutet Spiritualität der Befreiung eine geistig-geistliche Einstellung und Haltung, die zutiefst geprägt ist von der Situation der Unterdrückung und des sozialen Kampfes, in dem der einzelne in »Symphatie«, d.h. wörtlich im Mitleiden, in Solidarität mit seinen Mitmenschen engagiert ist. Die Spiritualität der Befreiung ist durchdrungen davon, »daß Gotteserkenntnis Praxis der Gerechtigkeit ist« und daß der Christ »den Frieden des Herrn wirklich im Zentrum des sozialen Kampfes zu suchen hat«[42].

Von dieser Einstellung sind die Gebete durchdrungen, die aus dem Geiste der Theologie der Befreiung kommen. Exemplarisch seien hier die »lateinamerikanischen Psalmen« genannt[43]. Ferner sei hier zitiert ein Gebet aus einem Wortgottesdienst:

»Lasset uns beten: Gott, gütiger Vater, höre auf das Gebet deines Volkes, das erdrückt vom Joch der Ausbeutung, deine Gerechtigkeit anfleht. Erweiche das Herz der Ungerechten, damit sie, wenn sie dem Wort deines Sohnes lauschen, ihren Geist für den Dialog öffnen. Gib uns den Geist der Liebe, damit wir, die Ungerechtigkeit verabscheuend, dem Ungerechten zu verzeihen lernen. Darum bitten wir dich, durch Christus unseren Herrn, der am Kreuze starb und seinen Mördern verzieh. Er ist auferstanden und lebt in uns von Ewigkeit zu Ewigkeit. Amen.«[44]

Es ist selbstverständlich, daß auch die Arbeit mit der Bibel nicht von der konkreten Situation der Unterdrückung und des

Kampfes um Befreiung absehen kann. So lautet z.B. ein Kommentar zu der Schriftlesung von Jak 5,1–6:

»Wir haben gerade in den Lesungen gehört, daß Gott die Ungerechtigkeit, die Ausbeutung des Menschen durch den Menschen, das Wegnehmen von Land, den Betrug und alle anderen Handlungen, die den Plan Gottes für seine Schöpfung zerstören, verdammt hat. Jedesmal, wenn Gott die Menschen zur Bekehrung aufruft, besteht er auf ihrer Aufgabe, für die Schaffung einer besseren Welt zu arbeiten. Gott will nicht die Ungerechtigkeit auf der Welt. Gott hat die Erde für alle erschaffen. Gott will, daß wir seine Botschaft hören. Er will, daß wir für eine gerechtere Gesellschaft kämpfen. In unseren Händen liegt es also, ob es Gerechtigkeit auf der Welt gibt oder nicht. Die wahrhafte Religiosität und Bekehrung bestehen darin, daß alle Menschen wie Brüder leben und daß wir alle Reichtümer, die uns die Erde bietet, nutzen. Um das zu erreichen, müssen wir uns organisieren. Unsere Bemühung um die persönliche Bekehrung zu Gott führt uns schließlich dazu, für den Aufbau einer gerechteren Gesellschaft zu arbeiten, sie führt uns die Würde der täglichen Arbeit vor Augen, und sie läßt uns als die Hilfe beim Aufbau einer besseren Welt erkennen.«[45]

Aber auch die ganze Gestalt des Gottesdienstes ist von diesem Geist der Theologie der Befreiung durchdrungen. So wurden z.B. in einem Gottesdienst in die Mitte des Raumes ein Seil, eine Hacke und ein Backstein gelegt, und die Teilnehmer wurden eingeladen, zu erzählen, was ihnen zu diesen Gegenständen einfiele. Diese Erzählungen wurden zu einer lebendigen narrativen Theologie. Und es wundert nicht, wenn dann das Glaubensbekenntnis in einem solchen Gottesdienst lautet:

»Glaubt ihr, daß Gott unser Vater die Ungerechtigkeit verdammt, die das Leben des Menschen zum elenden Dasein herabwürdigt?

Ja, das glauben wir.

Glaubt ihr, daß Christus mit seiner Botschaft der Liebe uns lehrt, die Ungerechtigkeit zu hassen und dem Ungerechten zu verzeihen?

Ja, das glauben wir.

Glaubt ihr, daß der Heilige Geist uns die Kraft gibt, für eine gerechtere Gesellschaft zu kämpfen?

Ja, das glauben wir.

Brüder, das ist der Glaube der wahrhaftigen Christen. Gott unser Vater will nicht die Ungerechtigkeit auf der Welt. Christus lehrt uns, die Ungerechtigkeit zu hassen, und den, der sie ausübt, zu lieben. Der Heilige Geist gibt uns die Kraft, eine brüderliche und einigere Gesellschaft zu schaffen.«[46]

Die Spiritualität in der Kirche war immer von dem sozialen, kulturellen und politischen Kontext geprägt, aus dem sie entstanden ist. So auch die Spiritualität der Befreiung. Sie stellt eine fruchtbare Bereicherung des Frömmigkeitlebens der Kirche dar, vor allem durch ihre tieffromme Verbindung von Glauben und alltäglichem Leben. So kann sie hilfreich sein auch für die Spiritualität in anderen Situationen.

2.11 Orthopraxie und Orthodoxie

Im Zusammenhang mit der Behandlung der Basisgemeinden haben wir schon darauf hingewiesen, daß die Theologie der Befreiung keineswegs am Schreibtisch, in den Hörsälen der Universitäten oder in den Bibliotheken entstanden ist, daß sie vielmehr in dauernder, enger, wechselseitiger Beziehung zu den Erfahrungen, dem spirituellen Leben und der Praxis der Basisgemeinden entsteht.

In der Bewegung der Theologie der Befreiung wird Glaube nicht zuerst als ein Ausdruck von Orthodoxie verstanden, sondern vor allem als eine Gestalt von Orthopraxie: von einem richtigen Verhalten der Menschen, das sich orientiert an Geist und Gesinnung, an Reden und Tun, am Leben und Sterben Jesu. G. Gutierrez schreibt: »Die soziale Praxis wird so schrittweise zu einem Ort, an dem der Christ in Gemeinschaft mit anderen Menschen sein Geschick als Mensch selbst bestimmt und seinen Glauben an den Herrn der Geschichte lebt. Teilnahme am Befreiungsprozeß ist ein verpflichtender und privilegierter Ort für Leben und Reflexion des Christen heute.

In der Teilnahme am Befreiungsprozeß werden wir Nuancen des Gotteswortes hören, die in anderen Lebenslagen nicht wahrnehmbar sind und ohne die im Augenblick echte und fruchtbringende Treue zum Herrn unmöglich ist.«[47]

Für die Theologie der Befreiung selbst bedeutet dies, daß die Praxis der Befreiung zu einem locus theologicus, zu einer theologischen Erkenntnisquelle (neben anderen) wird. Dies ist im Grund nichts Neues, da auch die traditionelle Theologie schon immer darauf hingewiesen hat, daß neben den klassischen Erkenntnisquellen der Theologie wie Schrift, Tradition, Liturgie, Lehramt usw. auch die menschliche Erfahrung, der Verstand des Menschen, die Praxis der Kirche selbst Quellen theologischer Erkenntnis sein können.

Für die Theologie der Befreiung ist es undenkbar, daß man Theologie betreiben kann außerhalb des Kontextes der Befreiungspraxis. Dies heißt auch in den meisten Fällen, daß der Theologe selbst in dem sozialen Kampf engagiert ist. G. Gutierrez z. B. weiß, was es bedeutet, wenn er schreibt: »Aus all diesen Gründen müssen wir festhalten, daß die Theologie der Befreiung uns vielleicht nicht sosehr ein neues Thema aufgibt, als vielmehr eine neue Art, Theologie zu treiben. Theologie als kritische Reflexion auf die historische Praxis ist also eine befreiende Theologie, eine Theologie der befreienden Veränderung von Geschichte und Menschheit und deshalb auch die Umgestaltung jenes Teils der Menschheit, der – als Ecclesia vereint – sich offen zu Christus bekennt. Theologie beschränkt sich dann nicht mehr darauf, die Welt gedanklich zu ergründen, sondern versucht, sich als ein Moment in dem Prozeß zu verstehen, mittels dessen die Welt verändert wird, weil sie – im Protest gegen die mit Füßen getretene menschliche Würde, im Kampf gegen die Ausbeutung der weitaus größten Mehrheit der Menschen, in der Liebe, die befreit, und bei der Schaffung einer neuen, gerechten und brüderlichen Gesellschaft – sich der Gabe des Reiches Gottes öffnet.«[48]

Allerdings ist nicht zu übersehen, daß eine Absolutsetzung der Orthopraxie – gerade um der Sinnspitze der Theologie der Befreiung willen – äußerst problematisch werden kann. Sosehr man die Betonung der Bedeutung der Orthopraxie aus der konkreten Situation heraus verstehen und unterstützen muß, und auch die Kritik, zum Teil Polemik der Theologen der Befreiung gegen die europäischen progressiven Theologen, gerade an diesem Punkte, ernst nehmen sollte, sosehr wird man doch auch darauf drängen müssen, daß gerade eine Theologie der Befreiung sich nicht als »Chefideologin« jeglicher Befreiungspraxis, als unkritische religiöse, ideologische und theologische Legitimation jeglicher Aktion verstehen kann. Sie muß sich vielmehr unter allen Umständen ihre kritische Kraft, ihre Fähigkeit auch der kritischen Distanz bewahren – um einer menschlicheren Befreiungspraxis willen. So wird man zwar Bonino zustimmen können, wenn er schreibt: »So verstandener Theologie geht es nicht darum, ein Verständnis der Attribute oder des Tuns Gottes zu liefern, sondern das Tun des Glaubens, d.h. der im Gehorsam begriffenen und verwirklichten Praxis zu artikulieren. So wie Marx es in einem geflügelten Wort von der Philosophie sagt, so soll auch die Theologie damit aufhören, die Welt zu erklären, und statt dessen anfangen, sie zu verändern.«[49] Aber man wird kritisch sein müssen, wenn er dann fortfährt: »Orthopraxie anstelle der Orthodoxie wird zum Kriterium der Theologie. Schließlich besteht in diesem Verständnis von der Sprache und der Theologie keine Möglichkeit, an eine Norm außerhalb der Praxis zu appellieren oder sich ihrer zu bedienen.«[50]

Theologie als kritische Theorie darf sich keinesfalls einfachhin identisch setzen mit irgendeiner Praxis, weil eine solche Praxis immer ambivalent, immer gesellschaftlich und geschichtlich bedingt ist. Gerade wenn man mit Recht die soziale Praxis als *eine* theologische Erkenntnisquelle betont, wenn man die Bedeutung der Befreiungspraxis als *eines* der normativen Elemente für Glaube und Theologie ansieht und auf die dauernde notwendige Beziehung der Theologie zur Praxis verweist, gerade dann darf man die Dialektik zwischen Theorie und Praxis nicht aufgeben, weil man sonst der Praxis die kritische Kraft der Theorie vorenthält.

2.12 *Kirche und Sozialismus*

Die katholische Kirche in Europa wie auch insbesondere die Theologie als Wissenschaft stand aufs Ganze gesehen von Anfang an der sozialistischen Arbeiterbewegung feindlich gegenüber. Die Verurteilung des Sozialismus durch die Enzyklika Quadragesimo anno im Jahre 1931 war deshalb nur konsequent. Zwar wurde diese Verurteilung in der päpstlichen Botschaft Octogesima adveniens anläßlich der 80-Jahr-Feier der Enzyklika Rerum novarum relativiert. Doch ist gerade der offizielle deutsche Katholizismus nach wie vor von einem starken Antisozialismus geprägt[51].

Demgegenüber ist die Theologie der Befreiung durch eine klare Option für den Sozialismus gekennzeichnet, »von einem lateinamerikanischen sozialistischen Entwurf der Befreiung«[52]. Der inhaltlichen Bestimmung dieses sozialistischen Entwurfes durch Bonino werden wohl die meisten Theologen der Befreiung zustimmen können: 1. Ablehnung einer Ideologie der »Entwicklung«, welche die Probleme in Lateinamerika auf kapitalistische Weise lösen und diesen Kontinent aufs neue von den nordatlantischen Ländern abhängig machen will. 2. Beseitigung der Abhänigkeit durch parallel verlaufende Revolutionen innerhalb der Sozialstrukturen der lateinamerikanischen Gesellschaften, durch welche die mit ausländischen Interessen kooperierenden oligarchischen Eliten entmachtet werden. 3. Ein starker, zentralistischer Staat. 4. Bewußtmachung, Bewußtseinsveränderung, Politisierung der Bevölkerung und ihre aktive Teilnahme an allen Entscheidungen. 5. Vorrang der politischen Dimension im gegenwärtigen Kampf Lateinamerikas. 6. Ein authentischer lateinamerikanischer Sozialismus, der allen bisherigen solzialistischen Entwürfen und Praktiken kritisch gegenübersteht. 7. Primat der menschlichen Dimension vor aller wirtschaftlicher oder struktureller Veränderung[53].

Im Rahmen eines so verstandenen lateinamerikanischen Sozialismus finden sich allerdings verschiedene Interpretationen und Ansichten über das konkrete politische Vorgehen. Die populistische Richtung sieht als Subjekt des Kampfes das

»Volk« (mit einer Unbestimmtheit dieser Größe, auf die schon hingewiesen wurde), eine marxistisch orientierte Richtung die Klasse der Arbeiter und der Landbevölkerung bzw. das Proletariat schlechthin. Der Foquismo, d.h. eine Bewegung von kleinen Guerillagruppen, die im Landesinnern aktiv ist und als Ausstrahlungszentrum für die revolutionäre Beteiligung des Volkes dienen soll, setzt ebenso auf die Gewalt wie die Richtung, welche unmittelbar auf eine von der breiten Bevölkerung getragene, gewaltsam durchgesetzte Revolution aus ist. Wiederum andere Gruppen treten für eine möglichst breite Basis unter Einschluß oppositioneller mittelständischer, militärischer Kreise, ja manchmal sogar unter Beteiligung oppositioneller Kreise des besitzenden Bürgertums ein.

Bei all diesen verschiedenen Richtungen ist der Grad der Akzeptation der Analysen und Theorien von Karl Marx bzw. des Marxismus unterschiedlich. Im Rahmen der Theologie der Befreiung kann man einen gewissen Konsens insoweit feststellen, daß man weitgehend von der Marxschen Analyse der Gesellschaft ausgeht, aber weitergehende Theoreme nur kritisch akzeptiert. In diesem Sinne kann Bonino schreiben: »Niemand wird im Ernst behaupten wollen, daß seine Analyse der sozialen, politischen und wirtschaftlichen Realität mehr als eine gedankliche Operation ist, die jederzeit revidiert, korrigiert oder verworfen werden kann. In diesem Sinn bringen wir die Marxistische Gesellschaftsanalyse ein. Dieser Punkt ist äußerst wichtig und die Quelle vieler Mißverständnisse. Unsere Berufung auf den Marxismus hat nichts mit einer angeblich abstrakten oder überzeitlichen Theorie oder mit dogmatischen Formeln zu tun, was in bestimmten marxistischen Kreisen allerdings behauptet wird, sondern mit einer wissenschaftlichen Analyse und einer Anzahl verifizierbarer Hypothesen, die sich auf Bedingungen beziehen, die zu bestimmten historischen Zeitpunkten und an bestimmten Orten bestehen und die, angemessene Korrektur, Modifizierung und Ergänzung vorausgesetzt, ein zulängliches Hilfsmittel zum Verständnis unserer eigenen geschichtlichen Situation bieten, zumal diese Situation in enger Beziehung zu dem anfangs analysierten Modell steht und entscheidend geprägt wird.«[54] Bonino – und mit ihm viele andere Theologen der Befreiung – sind der Meinung, daß die Theorien des Marxismus sich als das beste verfügbare Mittel für eine erfolgreiche und rationale Verwirklichung menschlicher Möglichkeiten im Ablauf der Geschichte erwiesen haben und noch erweisen. Sie wollen den Marxismus nicht sakralisieren oder theologisch überhöhen, aber für sie wird der Marxismus »zur unentbehrlichen geschichtlichen Vermittlung christlichen Gehorsams«[55].

In diesem Zusammenhang ist natürlich auch die Bewegung »Christen für den Sozialismus« zu erwähnen. Sie entstand im April 1972 in Santiago in Chile zu gleicher Zeit, als dort die dritte UNCTAD-Konferenz der Vereinten Nationen tagte. Katholiken und Protestanten, Priester, Nonnen, Bischöfe, Pastoren und Laien, Landarbeiter, Studenten und Professoren hatten sich zusammengefunden und definierten ihre gemeinsame Basis folgendermaßen: »Als Christen, die wir von dem Befreiungsprozeß in unseren Ländern Lateinamerikas und unserer konkreten, aktiven Beteiligung am Aufbau einer sozialistischen Gesellschaft ausgehen, durchdenken wir unseren Glauben neu und prüfen, wie es bei uns mit der Liebe für die Unterdrückten aussieht.«[56] Dieser Anfang hat sich ja dann zu einer weltweiten Bewegung ausgeweitet mit vielen Gruppen, die auch in Europa arbeiten. Man kann diese Gruppen nicht einfach mit der Theologie der Befreiung indentifizieren, aber sicher ist, daß beide Bewegungen in Lateinamerika einander viel verdanken, oft eng zusammenarbeiten und zum Teil personalidentisch sind.

Diese Option für den Sozialismus bleibt nicht nur auf die Theologie der Befreiung beschränkt. Nicht wenige kirchliche Amtsträger, ja ganze Bischofskonferenzen neigen zu dieser Option. Bischof Antulio Parilla Bonilla von Puerto Rico erklärte: »Sogar ein Blinder kann sehen, daß Lateinamerika unwiderruflich auf eine Form des Sozialismus zusteuert.«[57] Bischof Dom Helder Camara sprach in der Öffentlichkeit aus: »Ich bin ein Sozialist.«[58] In dem Dokument, das die Peruanische Bischofskonferenz der Bischofssynode in Rom im Jahre 1971 vorlegte, heißt es:

»...Die Erfahrung unseres Volkes (führt) zur Ablehnung

des Kapitalismus sowohl in seiner ökonomischen Form als auch in seiner ideologischen Basis, die dem Individualismus huldigt, dem Profit und der Ausbeutung des Menschen durch den Menschen. Folglich muß man die Bildung einer qualitativ andersgearteten Gesellschaft anstreben...

Um eine so gerartete Gesellschaft zu schaffen, ist es nötig, die Erziehung des gesamten Volkes im sozialen und gemeinschaftsorientierten Sinn des menschlichen Lebens vorzunehmen...

Eine so verstandene Erziehung führt zur Schaffung eines neuen Menschen und einer neuen Gesellschaft: eines sozialen Menschen und einer gemeinschaftsorientierten Gesellschaft, in der Demokratie verwirklicht ist durch die effektive politische Mitbestimmung der Mitglieder der Gesellschaft auf der Basis des Gemeineigentums an Produktionsmitteln, eines humanistischen Begriffs der Arbeit und ihrer humanen Ausgestaltung und vermittels einer Unterordnung des Kapitals unter die Bedürfnisse der gesamten Gesellschaft. Eine so verstandene Gesellschaft schließt allerdings gewisse historische Sozialismen ein, denen wir wegen ihres Bürokratismus, Totalitarismus oder militanten Atheismus nicht zustimmen können.«[59]

Für die Lateinamerikanische Bischofskonferenz in Puebla war es zumindest klar, daß das kapitalistische Wirtschaftssystem völlig abzulehnen sei. Darauf wird man noch zurückkommen. So gesehen ist es eine Zumutung, wenn bestimmte Theologen und bestimmte Kreise innerhalb der katholischen Kirche in der Bundesrepublik Deutschland glauben, der Kirche in Lateinamerika eine ganz bestimmte, kapitalistisch interpretierte Form der christlichen Soziallehre für die Lösung ihrer Probleme aufdrängen zu müssen. Leider war auch das Vorbereitungsdokument für die Bischofskonferenz von Puebla weithin von dieser Tendenz geprägt[60].

Sowenig man diese Option für den Sozialismus als eine absolut notwendige Konsequenz für die Verwirklichung des christlichen Glaubens in der heutigen Zeit bezeichnen kann, sosehr wird man aber auch die Option vieler lateinamerikanischer Christen für den Sozialismus respektieren müssen, vor allem im Hinblick auf ihre Situation der Unterdrückung. Andererseits wird man aber auch Äußerungen von Theologen und kirchlichen Amtsträgern, welche die Option für das kapitalistische System bzw. die soziale Marktwirtschaft als jus divinum oder zumindest doch als notwendige Konsequenz aus Glaube und Naturrecht abzuleiten beanspruchen, kritisch infrage stellen müssen.

2.13 Anwendung von Gewalt

In den Diskussionen um die Theologie der Befreiung der ersten Welt neigt man dazu, das Problem der Anwendung von Gewalt im politischen Kampf theoretisch abzuhandeln und die ganze Problematik der Theologie der Befreiung auf diese Frage hin zuzuspitzen. Nun soll hier die Tragweite dieser Frage nicht heruntergespielt werden. Aber man muß doch sehen, daß das Problem der Anwendung von Gewalt nur im gesamten theoretischen und praktischen Kontext der Theologie der Befreiung beurteilt werden kann.

Die politische Situation aber ist in Lateinamerika – in den verschiedenen Ländern in unterschiedlichem Grade – nur allzu oft dadurch gekennzeichnet, daß politische Herrschaft mit Gewaltmitteln der verschiedensten Art durchgesetzt wird. Die meisten Christen Lateinamerikas finden sich in einer Situation der strukturellen Gewalt vor, zunächst einmal ganz unabhängig von ihrem Willen und von ihren theoretischen Überlegungen. Sie haben sich diese Situation nicht ausgesucht, sondern erfahren Gewalt und müssen versuchen, damit auf christliche Weise fertigzuwerden. In einer solchen Situation muß man sich darüber im klaren sein, daß ein neutrales Verhalten nur zu der Konsequenz führt, daß die strukturelle und institutionalisierte Gewalt weiterhin angewandt wird und daß Millionen Menschen darunter leiden und weiterhin zu leiden haben.

Trotzdem betonen die meisten Theologen der Befreiung zunächst einmal, daß auch in einer solchen Situation gewaltlose Aktionen nicht nur dem christlichen Gewissen, sondern auch dem revolutionären Ziel höchst angemessen seien. »Insofern, als gewaltlose Aktion den Menschen respektiert und dafür

Raum schafft, daß die Sache der Befreiung von den Massen aufgenommen wird und das Solidaritätsbewußtsein zur Schaffung einer neuen Gesellschaft unterstützt, ist sie das Mittel, das mit dem revolutionären Zweck am meisten in Einklang steht. Wenn außerdem um der Effektivität willen, die, wie wir sahen, nicht von christlicher Liebe getrennt werden kann, Gewaltanwendung zum Sturz eines oppressiven Systems nötig wird, führt das zu einigen schwerwiegenden Problemen: zu Steigerung von Haß, zu Abneigung und Rivalitäten, zu Verordnung von Veränderung in einer Machtstruktur ohne entsprechende Entwicklung des Bewußtseins und zu Annahme der ›Spielregeln‹ des dann gegenwärtigen Systems der Unterdrückung. Siegreiche revolutionäre Gewalt riskiert, eine Form der Unterdrückung durch eine andere zu ersetzen und auf diese Weise echt konterrevolutionär zu werden. Ganz gewiß macht sie den Aufbau in menschlicher, ökonomischer, sozialer, institutioneller und politischer Hinsicht, der nach der Machtübernahme nötig wird, noch schwieriger, etwa proportional zu Intensität und Dauer der subversiven Gewalt.«[61]

Aber auch diejenigen, die prinzipiell und ohne Ausnahme für gewaltlose Aktionen eintreten, werden nach dem Preis ihrer Gewaltlosigkeit befragt werden müssen: das fortdauernde Leiden von Menschen, die zunehmende Entfremdung durch die strukturelle Gewalt, die wachsende Lähmung der oppositionellen Kräfte, welche die politische Durchsetzung von Alternativen illusorisch erscheinen läßt. Deshalb schließen die meisten Theologen der Befreiung die Anwendung physischer Gewalt gegenüber Sachen und Personen dann nicht aus, wenn die von seiten der politischen Macht ausgeübte Gewalt für die Menschen nicht länger zumutbar ist, wenn alle anderen Mittel gewaltloser Art erschöpft sind und wenn die gewaltsamen Aktionen nach sorgfältiger Prüfung auch Aussicht auf Erfolg haben. Diese Christen sind sich dabei bewußt, was Gewalt bedeutet und welcher Preis dafür gezahlt werden muß: Leiden und Opfer vieler Menschen, die mögliche Gewöhnung an Gewalt, das Aufkommen von Haß, das Abgleiten in die unmenschlichsten Formen von Gewalt usw.

Die Theologen der Befreiung stehen dabei in Übereinstimmung mit den Ausführungen von Papst Paul VI. In seiner Enzyklika Populorum progressio heißt es: »Es gibt ganz sicher Situationen, deren Ungerechtigkeit zum Himmel schreit. Wenn ganze Völker, die am Mangel des Notwendigsten leiden, unter fremder Herrschaft gehindert werden, irgend etwas aus eigener Initiative zu unternehmen, zu höherer Bildung aufzusteigen, am sozialen und politischen Leben teilzunehmen, dann ist die Versuchung groß, solches gegen die menschliche Würde verstoßende Unrecht mit Gewalt zu beseitigen. Trotzdem: jede Revolution – ausgenommen im Fall der eindeutigen und lange andauernden Gewaltherrschaft, die die Grundrechte der Person schwer verletzt und dem Gemeinwohl des Landes ernsten Schaden zufügt – zeugt neues Unrecht, bringt neue Störungen des Gleichgewichtes mit sich, ruft neue Zerrüttung hervor. Man kann das Übel, das existiert, nicht mit einem noch größeren Übel vertreiben.«[62]

Darüber hinaus kennt die Moraltheologie traditionellerweise bestimmte menschliche Grenzsituationen, in denen sie Gewaltanwendung nicht ausschließt, z.B. Notwehr, gerechter Krieg, Tyrannenmord, Todesstrafe. Zu jedem einzelnen dieser Sachverhalte wäre natürlich sehr viel auszuführen. Es soll hiermit aber nur aufgezeigt werden, daß das Problem der Gewaltanwenmdung für die Moraltheologie wahrhaftig nicht erst im Rahmen der Theologie der Befreiung auftaucht, daß vielmehr die Anwendung von physischer Gewalt unter ganz bestimmten Voraussetzungen nie ganz ausgeschlossen wurde.

2.14 Einige Schlußbemerkungen

Vielleicht könnte das Gesamtbild über die Theologie der Befreiung und die mit ihr verbundene Bewegung durch die vorangegangenen Ausführungen etwas zu ideal erscheinen. Bei der Kürze der Darstellung konnten nicht alle neuralgischen Aspekte in theoretischer wie praktischer Hinsicht, die mit der Theologie der Befreiung verbunden sind, behandelt werden. Vor allem aber sei noch einmal eigens darauf hingewiesen, wie sehr die Theologen der Befreiung und die Christen, die einerseits von ihnen inspiriert sind, andererseits aber auch diese Theologen inspirieren, in ihrer ganzen menschlichen Existenz hineinverflochten sind in die unsagbare Leidensgeschichte, welche die Menschen dieses Kontinents erfahren und durchmachen. Viele dieser Theologen leben nicht nur in wirklicher Armut, sondern sind auch politischen Oppressionen ausgesetzt; nicht selten wird ihre Post zensiert, ihr Telefon, wenn sie über eines verfügen, abgehört, ja sie sind manchmal der Verfolgung ausgesetzt, werden verhaftet, und einige kennen das Gefängnis nicht nur aus Beschreibungen. In einer solchen Situation kommt ein Triumphalismus erst gar nicht auf. Noch lähmender aber wirkt oft die Ausweglosigkeit der politischen Situation, wenigstens in kurz- oder mittelfristiger Sicht.

Die Ereignisse in Nicaragua haben jedoch vielen wieder Mut gemacht. Es hat sich anscheinend auch gezeigt – wenigstens bis zu der Stunde, da diese Zeilen geschrieben werden –, daß es selbst nach einem noch so erbitterten Kampf möglich ist, daß die Sieger auf Versöhnung aus sind, jegliche neue Unterdrückung der Besiegten zu verhindern wissen, und statt dessen alle Kräfte auf eine Verbesserung der augenblicklichen katastrophalen Situation konzentrieren. Man wird wohl nicht fehlgehen, wenn man diese Entwicklung unter anderem *auch* einem Theologen der Befreiung, nämlich Ernesto Cardenal, der Mitglied der neuen Regierung ist, zuschreibt.

3. Zur Diskussion um die Theologie der Befreiung

Aus den bisherigen Ausführungen konnte der Eindruck gewonnen werden, als handle es sich bei der Theologie der Befreiung nur um eine lateinamerikanische Angelegenheit. Dies ist aber nicht der Fall. Deshalb soll in den Abschnitten dieses Kapitels kurz dargelegt werden, welche Rolle die Theologie der Befreiung in anderen Ländern der dritten Welt sowie bei den schwarzen Christen in Nordamerika spielt, wie die Internationale Theologenkommission auf diese Herausforderung der Theologie der Befreiung reagiert hat und welches Echo die Theologie der Befreiung in der Bundesrepublik Deutschland gefunden hat.

3.1 Die Theologie der Befreiung in der dritten Welt

Während der Weltkirchenkonferenz in Nairobi im Jahre 1975 fanden sich einige Theologen der dritten Welt zusammen und beschlossen, die »Ecumenical Association of Third World Theologians« zu gründen[1]. Diese Vereinigung »versucht, Theologien zu entwickeln, die in Treue zu unserer christlichen Tradition die Erfahrungen und Kämpfe unterdrückter Menschen in unseren Ländern zur Grundlage haben. Die Kluft zwischen reichen und armen Ländern nimmt zu, und in den reichen Ländern ist der Arme arm geblieben. Sexismus und Rassismus sind immer noch harte Realitäten überall in der Welt. All dies sind ›Zeichen der Zeit‹ und deshalb ein integraler Bestandteil unserer theologischen Reflexion. Wir fühlen, daß wir als Kirche uns dieser Herausforderung stellen müssen und daß wir als betroffene Christen antworten müssen auf den Ruf Jesu zur Buße, Umkehr und zum Einsatz.«[2]

Die erste Konferenz dieser Vereinigung fand 1976 in Daressalam statt. Die zweite Konferenz, die vom 17. bis 24. 12. 1977 in Accra/Ghana abgehalten wurde, behandelte das Thema

»Das christliche Engagement in Afrika von heute«[3]. Das Schlußdokument dieser Konferenz ist ganz vom Geiste der Theologie der Befreiung durchdrungen. So heißt es gleich in der Einleitung: »Das rettende Wort des Herrn, das den Gefangenen Freiheit eröffnet, bildete unseren Leitfaden.« Sodann wird die afrikanische Wirklichkeit beschrieben und folgendes festgestellt: »Wir bekräftigen, daß unsere Geschichte zugleich geheiligt und säkular ist. Wir sehen das Tun Gottes in unserer Hoffnung auf eine freie und gerechte Gesellschaft in Afrika. Jede Zerstörung dieser Hoffnung, entweder durch den Mißbrauch von Macht und Autorität oder durch die Ausbeutung von Ressourcen durch nationale Institutionen oder multinationale Konzerne ist eine direkte und verdammenswürdige Verletzung des Schicksals des Volkes Gottes.«

In dem Abschnitt über die Gegenwart der Christen in Afrika wird die traditionelle Missionskirche scharf kristisiert. Die kirchlichen Bemühungen um Erziehung werden als eine Form der Herrschaft bezeichnet, die eine Eliteklasse hervorgebracht hat. Demgegenüber stellt die Konferenz fest: »Die Basis der Kirche in Afrika bildet die Lebendigkeit der afrikanischen christlichen Gemeinden. Die missionarischen Strukturen und ihre Macht hinter sich lassend, bezeugen unsere christlichen Gemeinden in Armut, Demut und Glaube weiterhin die Botschaft von Jesus Christus und schaffen so ihren eigenen christlichen Lebensweg und ihre eigene Sprache, um ihre originale christliche Erfahrung auszudrücken.«

In dem Abschnitt über die Zukunftsperspektiven werden zunächst die »vorfabrizierten Gedanken nordatlantischer Theologie« zurückgewiesen. Demgegenüber soll die afrikanische Theologie durch drei Charakteristika geprägt sein: 1. Eine »kontextuelle« Theologie, welche verantwortlich ist für den Kontext, in der das Volk lebt. In diesem Zusammenhang wird auf die Bedeutung von Dramen, Novellen und Dichtungen hingewiesen. Kontextualisation hat es mit der Befreiung des Volkes von kultureller Gefangenschaft zu tun. »2. Weil die Unterdrückung nicht nur im Hinblick auf die Kultur, sondern auch im Bereich der politischen und ökonomischen

Strukturen und in den beherrschenden Massenmedien zu finden ist, muß die afrikanische Theologie eine Theologie der Befreiung sein. Diese Konzentrierung auf die Befreiung in der afrikanischen Theologie verbindet sie mit anderen Theologien in der dritten Welt. So wie die schwarze Theologie in Nordamerika, können auch wir den Rassismus als eine Entstellung der menschlichen Person nicht ignorieren. So wie lateinamerikanische und afrikanische Theologen sehen auch wir das Bedürfnis, von sozio-ökonomischer Ausbeutung befreit zu zu werden.« 3. Die afrikanische Theologie wird sich bemühen, gegen den Sexismus zu kämpfen. – Ein Ergebnis dieser Konferenz war es auch, daß die »Ecumenical Association of African Theologians« gegründet wurde.

Vom 7. bis 20. 1. 1979 fand in Wennappuwa/Sri Lanka die dritte Konferenz der ökumenischen Vereinigung von Theologen der dritten Welt statt mit dem Thema: »Asiens Kampf für volle Menschlichkeit. Für eine sachgemäße Theologie.«[4] In dem Kapitel des Schlußdokuments über den »asiatischen Kontext« wird dort festgestellt, daß Asien unter der Gewalt einer erzwungenen Armut leidet. »Sein Leben wurde durch Jahrhunderte von Kolonialismus und einem jüngeren Neokolonialismus verstümmelt. Seine Kultur wurde marginalisiert und seine sozialen Beziehungen verzerrt. Die Städte mit ihren elenden Slums, die voll sind mit armen Bauern, welche ihr Land verlassen haben, stellen ein Bild dar von ungerechtfertigtem Reichtum zusammen mit elender Armut, die der Mehrzahl der asiatischen Länder gemeinsam ist. Dieser extreme Unterschied ist das Ergebnis eines Klassenwiderspruchs, einer ständigen Beherrschung Asiens durch interne und externe Mächte. Die Folge dieser Art kapitalistischer Herrschaft besteht darin, daß alles – selbst Zeit und Leben – zur Handelsware geworden ist.« Sodann wird darauf hingewiesen, daß der Sozialismus den Kampf um Befreiung mutig aufgenommen hat.

In dem Abschnitt, der sich für eine sachgemäße Theologie einsetzt, wird festgestellt: »In dem Kontext der Armut vieler Millionen Asiaten und ihrer Situation von Beherrschung und Ausbeutung muß unsere Theologie eine sehr deutlich befreiende Stoßrichtung haben . . . Wir bekräftigen, daß die Armen und Unterdrückten in Asien von Gott dazu berufen sind, die Architekten und Bauleute ihres eigenen Schicksals zu sein.« Die Konferenz wendet sich gegen akademische Bemühungen der »Indigenisation« und »Inkulturation«, die nicht am Befreiungskampf teilnehmen. »In unseren Ländern kann es keine wahrhaft einheimische Theologie geben, die nicht befreiend ist.« Auch hier wurde am Ende der Konferenz die »Ecumenical Theological Fellowship of Asia« gegründet.

Im Februar 1980 wird im Rahmen derselben ökumenischen Vereinigung von Theologen der dritten Welt eine Konferenz lateinamerikanischer Theologen stattfinden, die sich vor allem mit der lateinamerikanischen Theologie im Lichte der gegenwärtigen ökonomischen, politischen und sozialen Situation und der Lage nach der Bischofskonferenz von Puebla auseinandersetzen wird. Für 1981 ist eine Konferenz mit europäischen Theologen über Probleme der dritten Welt vorgesehen, die vermutlich in Asien stattfinden wird.

Aus diesen Hinweisen auf die verschiedenen Konsequenzen von Theologien der dritten Welt wird deutlich geworden sein, wie viele Gemeinsamkeiten die lateinamerikanische Theologie der Befreiung mit den Theologien hat, die in anderen Kontinenten der dritten Welt entstanden sind. Gemeinsam ist ihnen die Hoffnung auf das Wirken Gottes in der Geschichte der Menschen von heute, die umfassende Sicht einer befreienden Erlösung, welche den ganzen Menschen umfaßt, die Interpretation von Unterdrückung und Ausbeutung als Sünde, die geforderte Pareilichkeit der Kirche im Klassenkampf zugunsten der Armen und Unterdrückten und die Anerkennung der Basisgemeinden als Basis der Kirche. Viele von diesen Theologen haben für den Sozialismus optiert.

Im letzten ist es müßig, die Frage zu beantworten, welche Theologie zuerst entwickelt wurde und die anderen Theologien beeinflußt hat. Aufgrund meiner – beschränkten – Informationen neige ich dazu, den lateinamerikanischen Theologen der Befreiung eine gewisse inspirierende Funktion zuzugestehen. Viel wichtiger ist die Tatsache, daß in Lateinamerika, Afrika und Asien eine relativ große Gruppe von Theologen sich von den Gedanken der Theologie der Befreiung leiten läßt und zu einem inspirierenden und inspirierten Faktor in ihren jeweiligen Kirchen geworden sind. Dabei soll allerdings in keiner Weise verschwiegen werden, daß es überall in diesen Ländern auch zahlreiche andere Theologen gibt, die eine ganz andere theologische Richtung vertreten und die ebenfalls einflußreich sind[5]. Hier wie überall auf der Welt zeigt sich eine wachsende Vielgestaltigkeit der Theologien.

Hervorzuheben ist noch besonders die ökumenische Zusammenarbeit der Theologen der dritten Welt. Wie selbstverständlich wurden hier alle konfessionellen Grenzen übersprungen, weil es einfach nicht verantwortbar erschien, angesichts der Gemeinsamkeit der Probleme und der Gemeinsamkeit im christlichen Glauben getrennte Wege zu gehen. Es könnte sein, daß das Problem einer Wiederversöhnung der christlichen Kirchen auf diese Weise ganz neue, hoffnungsvolle Dimensionen erhält.

Einen Beweis dafür, daß die Theologie der Befreiung in Afrika nicht nur eine Angelegenheit von Theologen ist, stellt die »Erklärung des Symposions der Bischofskonferenzen von Afrika und Madagaskar (SECAM)« über »Gerechtigkeit und Frieden in Afrika« vom 29. Juli 1978 dar[6]. Dort heißt es unter anderem: »Uns geht es bei den obigen Tatsachen um den afrikanischen Menschen, und zwar unabhängig von seiner Hautfarbe, seinem ethnischen Ursprung, seiner sozialen Stellung oder seiner kulturellen oder religiösen Umwelt; es geht um seine Bestrebungen und Hoffnungen, seine Kämpfe und Leiden, um seine Erfolge und Fehlschläge.

Unserem Glauben zufolge ist Christus erschienen, um diese Menschen zu retten und zu befreien, um ›ihn von allem zu befreien, was ihn bedrückt‹ (Evangelii Nuntiandi, Nr. 9). Damit ist eine vollständige Befreiung gemeint, die den Menschen in allen Schichten seines Wesens und allen Bereichen seines Daseins betrifft. Diese Befreiung ist also nicht nur geistiger und seelischer Art; sie wirkt sich unmittelbar auf das tägliche Leben des einzelnen und der Gesamtheit aus. Christus hat jeden Menschen befreit und hat den ganzen Menschen befreit.

In ihm und durch ihn sind alle Menschen grundsätzlich gleich geworden – sie sind Brüder. Auf die menschliche Person bezogen bedeutet Befreiung also Entkolonialisierung, Entwicklung, soziale Gerechtigkeit, Achtung ihrer unveräußerlichen Rechte und Grundfreiheiten.«[7]

Auch die Erklärung »Gerechtigkeit für die Unterdrückten. Prioritäten der Priester von Ghana«, abgegeben von dem 4. Jahreskongreß 1979 der diözesanen Priester von Ghana, ist ganz vom Geist der Theologie der Befreiung durchdrungen. In diesem Dokument erklären die Priester, »daß wir dem Evangelium, dessen Diener wir sind, nicht treu sein können, wenn wir nicht die Sache der Unterdrückten, Armen und Unterprivilegierten zu unserer eigenen machen und im Herrn danach streben, die Lebensqualität unseres Volkes zu verbessern.

Daß wir deshalb, von unseren grundlegenden Bürgerrechten ganz abgesehen, als Propheten Gottes die Pflicht haben, jede Form von Ungerechtigkeit und menschenunwürdiger Situation in unserer Gesellschaft zu verurteilen und auf die Ersetzung von ungerechten Strukturen durch gerechte hinzuarbeiten, indem wir die Liebe des Vaters verkünden, der sich in Christus und durch das Wirken des Geistes zu Einheit untereinander und Einheit mit ihm aufruft . . .

Deshalb ist es unser Entschluß: Mit christlichem Mut und christlicher Entschlossenheit, einzeln oder in Gemeinschaft, von den Zentren des Ringens heraus für menschliche Befreiung einzutreten, so wie es die Umstände erfordern mögen.«[8]

3.2 Schwarze Theologie und Theologie der Befreiung

Daß die Schwarze Theologie, wie sie sich vor allem unter den schwarzen Christen in Nordamerika entwickelt hat, und die Theologie der Befreiung in der dritten Welt aus demselben Geiste leben, auf ähnliche Weise vorgehen, ihre Situation auf ähnliche Weise beurteilen und dieselben Ziele haben, soll hier exemplarisch aufgezeichnet werden aufgrund der »Botschaft an die Schwarze Kirche und Gemeinschaft«, die von der »National Conference of the Black Theologie Project«[9] in Atlanta/ USA im August 1977 verabschiedet wurde.

Gleich zu Beginn heißt es dort: »Wir sind zusammengekommen auf der Suche nach authentischer Befreiung für uns selbst und alle Menschen. Wir sind zusammengekommen, um nach dem Willen Gottes zu fragen für unser Volk in einer Zeit der Krise... Zusammen können wir voranschreiten zu einem tieferen Verständnis der gegenwärtigen Wirklichkeit und zu einem größeren Maß an Freiheit.« Das Anliegen der Schwarzen Theologie wird dabei folgendermaßen umschrieben:

»Schwarz – weil unsere versklavten Vorfahren die christliche Botschaft annahmen und ihre Bedeutung für unseren Freiheitskampf mit lebendigen Akzenten zum Ausdruck brachten, wonach schwarze Frauen und schwarze Männer schon immer gesucht haben. Theologie – weil die Vorstellung unseres Volkes von menschlichem Leben und menschlicher Geschichte mit Gott beginnt, der in der Person Jesu Christi für die Befreiung von jeder Sklaverei wirkt.«

In einem weiteren Abschnitt wird die traditionelle Kirche angegriffen, weil sie zwar versucht habe, die geistigen Bedürfnisse des Volkes zu befriedigen, aber die materiellen und physischen Erfordernisse übersehen haben. Die traditionelle Theologie habe nicht erkannt, daß die letzte Rettung und die historische Befreiung untrennbare Aspekte der unteilbaren Botschaft Jesu seien. »Die entscheidende Frage für uns alle ist das Überleben. Die Wurzel des Problems ist menschliche Sündhaftigkeit, welche zu dem Monopolkapitalismus führt mit Hilfe von Rassismus und unterstützt von Sexismus... Die Kirche muß auf untrennbare Weise vereint sein mit unseren Brüdern und Schwestern in der ganzen Welt, die sich in der ganzen Welt auf verschiedene Weise – einschließlich des bewaffneten Kampfes – für Freiheit einsetzen... Wegen des Rassismus und Imperialismus zu Hause und im Ausland sind wir schwarze Menschen eine internationale Gemeinschaft von Geächteten und Fremden in unserer jeweiligen Heimat und in den Gemeinwesen, die wir uns ausgesucht haben oder in denen wir wohnen müssen... Daher umarmen wir alle Kinder Gottes, die hungern und dürsten nach Gerechtigkeit und menschlicher Würde. Wir nehmen uns von neuem vor und setzen uns selbst und die schwarzen Kirchen, an deren Leitung wir partizipieren, von neuem ein in dem Kampf um Freiheit von Ungerechtigkeit, Rassismus und Unterdrückung. Wir erklären, daß dies der wesentliche Sinn von Schwarzer Theologie ist, wie er definiert wird von denen, die sie konzipieren, entfalten und bekräftigen: Quelle der Inspiration und reflektierte Aktion für alle schwarzen Menschen und für alle ausgebeuteten und unterdrückten Menschen in der ganzen Welt, die ergriffen sind von ihrer Richtigkeit für ihre Situation.«

3.3 Stellungnahme der Internationalen Theologenkommission

Die Internationale Theologenkommission wurde in der nachkonziliären Ära vom Papst berufen, um die Römische Kurie in theologischen Fragen zu beraten. Die Kommission beschloß im Jahre 1974, sich mit der Theologie der Befreiung zu befassen. Eine Unterkommission unter der Leitung von Karl Lehmann wurde gebildet, um sich speziell mit diesem Problemkreis zu befassen. Die Vollversammlung, die vom 4. bis 9. 10. 1976 in Rom tagte, widmete sich vor allem der Theologie der Befreiung. Die Referate, die auf dieser Vollversammlung gehalten wurden, liegen veröffentlicht vor[10]. Ein überarbeiteter Text eines Schlußdokuments »Zum Verhältnis zwischen menschlichem Wohl und christlichem Heil« erhielt im August 1977 bei einer schriftlichen Endabstimmung eine große Mehrheit, so daß er als offizieller Text der Internationalen Theologenkommission gilt.

Um diesem Schlußdokument gerecht zu werden, muß man wohl zunächst dies bedenken: Die wenigsten Mitglieder der Internationalen Theologenkommission kommen aus der dritten Welt. Sie sind aufgrund ihrer Ausbildung und ihres Berufes vor allem an akademische Auseinandersetzungen gewöhnt. Sicher sind ihnen die leidvollen Probleme der dritten Welt nicht fremd gewesen – das geht aus dem Text hervor. Aber sie betrachten die vielfältige, sich zuspitzende Existenzgefährdung von Hunderten von Millionen Menschen als Phänomen von außen, als Objekt der Reflexion, »objektiv«. Es ist auch nicht bekanntgeworden, daß maßgebliche Vertreter der Theologie der Befreiung an den Beratungen der Internationalen Theologenkommission teilgenommen haben. Von daher ist der sachliche, unterkühlte, nüchterne Akzent des Dokumentes zu verstehen, der im krassen Gegensatz zu dem Dokument der Bischofskonferenz von Puebla steht.

Sodann ist es gut, kurz darüber zu reflektieren, welche Erwartungen man an eine Kommission stellt, deren Mitglieder, vom Papst berufen, aus allen Ländern der Welt kommen, alle möglichen theologischen Richtungen vertreten, so etwas wie ein offiziöses Organ der Römischen Kurie darstellen und die sich auf einen gemeinsamen Text einigen müssen. Mißt man also dieses Dokument nicht an den Kriterien der Theologie der Befreiung, sondern an der Sprache, an der theologischen Ausrichtung und den inhaltlichen Aussagen, die man von anderen römischen Dokumenten zum Teil gewohnt ist, dann sieht die Sache anders aus. Vor allem ist das nicht eingetreten, wovon in der Presse vor der Veröffentlichung des Schlußdokuments die Rede war, daß nämlich die Internationale Theologenkommission die Theologie der Befreiung verurteilen würde. Davon kann überhaupt keine Rede sein. So ist in der Einleitung des Dokumentes ausdrücklich davon die Rede, daß die Kommission ihr Dokument als einen »Gesprächsbeitrag« betrachtet[11], wodurch sie von vornherein ihre Arbeit auf vernünftige Weise relativiert.

Zunächst wird in dem Dokument von der Situation der Unterdrückung von Völkern gesprochen, die Verbindung zwischen Schlüsselwerten der Bibel wie Gerechtigkeit, Befreiung, Hoffnung und Frieden wird hergestellt, und man spricht sich für die notwendige Option für die Armen aus. Es wird auch ausdrücklich anerkannt, daß der Einsatz für die Armen im biblischen Sinne das bleibende spirituelle Ferment der Theologie der Befreiung bleibt und daß in ihr »wertvolle Elemente« leben.

Im biblischen Teil der Ausführungen wird kurz, aber eindrucksvoll auf die Sozialkritik der Propheten eingegangen und festgestellt: »Die endgültige Herrschaft Gottes ist die Aufhebung jeglicher Art Herrschaft von Menschen über Menschen.«[12] Im Hinblick auf Jesus wird gesprochen von gesellschaftskritischen Impulsen, die von ihm ausgehen, von seiner Parteinahme für die Armen und Schwachen und von dem Aufruf zur Vermeidung einer Herrschaft von Menschen über Menschen.

In dem systematischen Teil wird davon ausgegangen, daß es so etwas wie »institutionalisiertes Unrecht« gibt, wo die Zustände selbst nach Gerechtigkeit rufen und eine Reform verlangen, daß durch die Macht der Sünde Unrecht und Ungerechtigkeit in die sozio-ökonomischen und in die politischen Institutionen eindringen können. Auch wird von der »gegenseitigen Durchdringung«, der »grundsätzlichen Struktur dieser Einheit«, dem »Moment der Zusammengehörigkeit« und der »Dialektik« zwischen menschlichem Wohl und christlichem Heil gesprochen. »In einer Situation der Armut und Ungerechtigkeit müssen diese Wahrheiten des christlichen Glaubens jedoch so verkündet und gelebt werden, daß sie nicht den oft erhobenen Einwand bestätigen, die Kirche verdecke das Elend der Menschen und beschwichtige die Armen in ihrer realen Not. Wahrer Trost und schlechte Vertröstung, die nur stumpf macht, sind zwei ganz verschiedene Dinge.«[13]
Im Hinblick auf die Kirche wird ausgeführt, daß sie das Bewußtsein für die politischen Folgen ihrer eigenen Aktivitäten und ihrer Unterlassungen wachhalten muß. »Sie kann sich auch mitschuldig machen, wenn die Situation der Armen, Unterdrückten und unter Ungerechtigkeit Leidenden nicht aufgedeckt, vielmehr verschleiert wird und unverändert bleibt. So muß die Kirche am Beispiel der alttestamentlichen Propheten ihr Gewissen für eine Sozialkritik aus dem Glauben neu schärfen.«[14] Dem Dokument zufolge ist dieser Einsatz der Kirche zu einem kaum überschätzbaren Kriterium der Glaubwürdigkeit der Kirche geworden. In politischen Situationen, in denen die Menschenwürde und elementare Menschenrechte grundsätzlich mit Füßen getreten werden, darf die ganze Kirche nicht schweigen.

Es kann hier nicht darum gehen, sich ausführlich mit dem gesamten Schlußdokument auseinanderzusetzen. Der Sache nach sind wir auf die meisten Punkte, die in dem Dokument behandelt werden, schon im zweiten Kapitel eingegangen. Wie der Titel es andeutet und wie wir es im zweiten Kapitel bereits kurz angesprochen haben, ist der zentrale Punkt der Auseinandersetzung zwischen der Theologie der Befreiung einerseits und der Internationalen Theologenkommission andererseits die Frage, wie sich Geschichte der Menschen und Reich Gottes zueinander verhalten. Genauer gesagt: Welche Bedeutung hat das Engagement im Befreiungsprozeß der Menschheit für das Heil der Menschen und damit für das Reich Gottes? Beide Seiten sind sich prinzipiell darin einig, daß dieses Verhältnis nicht monistisch gesehen werden darf, d.h. daß Geschichte der Menschen und Reich Gottes nicht identisch sind, weil einerseits die menschliche Geschichte aufgrund der Konstitution des Menschen viel zu ambivalent ist und weil die Vollendung der Geschichte als Geschenk Gottes noch aussteht. Beide Seiten sind sich auch einig darüber, daß das Verhältnis nicht dualistisch gesehen werden darf, weil das Reich Gottes in und durch Jesus Christus schon begonnen hat und weil nach den Aussagen der biblischen Botschaft Gott durch die Menschen in der Geschichte wirkt und das Tun der Menschen im guten wie im schlechten Sinne von Bedeutung ist für das Heil der Menschen.

Allerdings scheint mir die auf den ersten Blick einleuchtende und plausible Unterscheidung, welche die Theologenkommission vorgenommen hat, zwischen menschlichem Wohl und christlichem Heil allzu einfach und biblisch nicht begründbar zu sein. Trotz aller anderslautenden Ausführungen liegt dem ganzen Dokument doch latent wieder eine dualistische Tendenz zugrunde. Der springende Punkt ist meiner Ansicht nach doch gerade der, daß das uns von Gott geschenkte Heil *im* menschlichen Wohl seinen Niederschlag findet, daß das Bemühen um das größtmögliche Glück möglichst vieler Menschen im Interesse Gottes liegt und Inhalt des uns geschenkten Heils ist. Wie schon dargelegt wurde, wird man sich dabei immer bewußt sein, daß dieser Befreiungskampf ein asymptotischer Prozeß ist, der innerhalb der menschlichen Geschichte nicht zu Ende kommt, sondern der Vollendung durch Gott bedarf. Aber in Jesus Christus hat die Heilszeit begonnen. Und diese wird in und durch und nicht außerhalb der Geschichte der Menschheit Wirklichkeit, allerdings vorläufig und noch nicht vollkommen.

Im einzelnen wären noch etliche kritische Punkte zu erwähnen, die in dem Dokument enthalten sind. So ist es eben wiederum zu dualistisch gedacht, wenn »die revolutionäre Änderung gesellschaftlicher Verhältnisse« der Gewissensbildung, der Gesinnungsänderung und der Anbetung des wahren Gottes und Erlösers Jesu Christi gegenübergestellt werden[15]. Diejenigen Christen in Lateinamerika, die sich im Befreiungskampf engagieren, bilden ihr Gewissen ja gerade im Verlauf ihres dauernden Einsatzes für mehr Menschlichkeit, und sie sind davon überzeugt, daß dieser Dienst an den Menschen wahrer Dienst an Gott ist, ohne darüber, wie wir gesehen haben, den Gottesdienst zu vergessen.

Wenn die Theologenkommission darauf hinweist, daß mit dem Gebrauch von sozialwissenschaftlichen Theorien im Rahmen der theologischen Arbeit Gefahren verbunden sind, so wird man dem zustimmen können. Das gilt aber prinzipiell für jede Art von theologischer Arbeit, die in keinem Falle frei ist von ideologischen Elementen[16]. Es wäre gut, wenn die Theologenkommission diese Frage auch einmal an bestimmte Formen der katholischen Soziallehre richten würde, deren inhaltliche Verknüpfungen mit dem kapitalistischen System offenkundig sind, deren Konsequenzen aber dann als Naturrecht ausgegeben werden. Ein Beispiel dafür bietet das Dokument selbst, wenn es davon spricht, daß die von den Christen zu realisierende Gerechtigkeit »eine gewisse Gleichheit in der Verteilung der fundamentalen Lebenschancen« fordert[17]. Also gibt es dann doch wieder gleiche und »gleichere« Menschen (um einen Ausdruck von Bert Brecht aufzunehmen)? Und was soll »Lebenschancen« heißen? Den Christen sollen nicht theoretische, womöglich nur auf dem Papier stehende Lebenschancen, sondern verwirklichtes menschliches Leben interessieren. Hier hat die Theologenkommission eine klassische Formulierung des Neo-Liberalismus, wie sie von den Vertretern der sozialen Marktwirtschaft vertreten wird, übernommen.

3.4 Auseinandersetzung um die Theologie der Befreiung in der Bundesrepublik Deutschland

Man kann sicher sagen, daß die Theologie der Befreiung in Lateinamerika mitbeeinflußt wurde durch die »Neue Politische Theologie«, die vor allem durch Veröffentlichungen von Johann Baptist Metz und Jürgen Moltmann repräsentiert wird. Auch wurde das Buch von Gustavo Gutierrez ein Jahr nach seiner Veröffentlichung in spanischer Sprache (1972) ins Deutsche übersetzt und fand – zumindest in Fachkreisen – Beachtung. Ferner ist es der bischöflichen Aktion Adveniat seit ihrer Gründung im Jahre 1961 sicherlich gelungen, in den Reihen des deutschen Katholizismus Interesse für die Christen in Lateinamerika zu wecken. Hinzu kam, daß im Zusammenhang mit der Studentenbewegung Ende der sechziger Jahre auch in bestimmten Kreisen der bundesrepublikanischen Öffentlichkeit vermehrt Informationen über Lateinamerika verbreitet wurden und sich eine Fülle von Aktionskreisen konstituierte, die sich für Lateinamerika engagierten. Eine gewisse Sensibilisierung für die Probleme in Lateinamerika war vorhanden.

Auf diesem Hintergrund ist nun auch die Gründung des deutschsprachigen und lateinamerikanischen Studienkreises »Kirche und Befreiung« zu sehen. »Der Entschluß zu seiner Gründung wurde bei einer Begegnung des Adveniat-Vorsitzenden Bischof Hengsbach mit einer Gruppe lateinamerikanischer Bischöfe und Theologen im Februar 1973 in Bogota gefaßt.«[18] Am 12./13. 10. 1973 fand das erste Treffen in Mülheim/Ruhr statt[19]. Zwei weitere Treffen wurden im Juni 1974 und im April 1975 ebenfalls in Mülheim/Ruhr abgehalten. Das nächste Treffen fand vom 2. bis 6. 3. 1976 in Rom statt[20]. Der Studienkreis hat bisher sechs Bücher herausgebracht: Kirche und Befreiung (1975); Utopie der Befreiung (1976); Kirche in Chile. Abwehr und Klärung (1976); Irrwege des religiösen Sozialismus (1977); Christlicher Glaube und gesellschaftliche Praxis (1978); Politische Denaturierung (1978)[21]. Der Herausgebergruppe gehören an: F. Hengsbach, A. Lopez Trujillo, L. Bossle, A. Rauscher, W. Weber.

Zwar haben in der Auseinandersetzung um den Studienkreis, von der gleich zu berichten sein wird, maßgebliche Vertreter dieses Studienkreises darauf hingewiesen, daß es eine »infame Behauptung darstelle, hier solle ›die‹ Theologie der Befreiung unterdrückt werden«; vielmehr sei es das Ziel des Studienkreises, sich einer ganz bestimmten Spielart der Theologie der Befreiung »massiv anzunehmen«. »Es handelt sich um jene Varianten, die in zum Teil sehr angreifbarer Weise theoretische Voraussetzungen und Versatzstücke des Marxismus bis zur Unkenntlichkeit mit dem Heil des Menschen vermengt und in Teilen der lateinamerikanischen Kirche nicht unbeträchtlichen pastoralen Schaden angerichtet haben.«[22] Liest man jedoch die Äußerungen und Veröffentlichungen der Verantwortlichen des Studienkreises, so hört sich dies anders an. So erklärte Franz Hengsbach: »Die sogenannte Theologie der Befreiung führt ins Nichts. In ihrer Konsequenz liegt der Kommunismus. Revolution ist kein Weg zur Besserung der Verhältnisse.«[23] In dem von F. Hengsbach mitherausgegebenen Buch »Utopie der Befreiung« schreibt L. Bossle im Vorwort: »Europäische Christen haben daher die Verpflichtung... einen Beitrag zu leisten, um Lateinamerika vom Trauma der Theologie der Befreiung zu befreien.«[24] Und in dem Buch »Kirche und Befreiung« schreibt A. Rauscher: »In Lateinamerika neigt die Theologie der Befreiung dazu, die marxistische Gesellschaftsanalyse und Gesellschaftsdeutung einfach zu übernehmen und sie als christlich zu deklarieren.«[25] Von einer Differenzierung kann also keine Rede sein.

Dadurch, daß der damalige Weihbischof A. Lopez Trujillo Generalsekretär des lateinamerikanischen Bischofsrates = CELAM war (bis 1979), kam dem Studienkreis in Lateinamerika ein bedeutender Einfluß zu. So wurden von dem Studienkreis mehrere Treffen in Lateinamerika abgehalten. CELAM organisierte auch ein Seminar für die Präsidenten der nationalen Bischofskonferenzen von Lateinamerika und für die in den lateinamerikanischen Bischofsrat delegierten Bischöfe sowie ein Seminar für eine andere Anzahl von Bischöfen, das vom 7. bis 24. 9. 1976 in Lima stattfand, von Misereor finanziert wurde und unter dem Thema stand: »Soziallehre der Kirche und Ideologien.«

Obwohl E. Dussel und G. Gutierrez auf dem Programm standen, hatten diese nicht einmal eine Einladung erhalten. In Wirklichkeit war dieses Seminar Teil einer Kampagne gegen die Theologie der Befreiung.

Ein wichtiger Mitarbeiter des Studienkreises war der Jesuit Roger Vekemans, der ein eigenes Studienzentrum für Entwicklung und Integration Lateinamerikas (CEDIAL) in Bogota leitet. Nach ernstzunehmenden Informationen hat er beträchtliche Mittel direkt oder indirekt von der nordamerikanischen CIA erhalten[26].

Was die Finanzierung des Studienkreises betrifft, so ist man auf Vermutungen angewiesen. Hildegard Lüning führt dazu aus: »Aber es ist nicht schwer, sich vorzustellen, daß auch bundesrepublikanische Wirtschaftskreise Interesse daran haben, daß die letzten Funken des Aufbegehrens in Lateinamerika erlöschen. Die Kirche dort, die mit der Theologie der Befreiung arbeitet, setzt sich für die Abschaffung von ausbeuterischen und ungerechten Verhältnissen ein. Wer aus diesen Verhältnissen heute Gewinn zieht, ist wohl daran interessiert, sie aufrechtzuerhalten. Möglicherweise auch mit Hilfe von deutschen Theologen und Sozialwissenschaftlern, deren Arbeitsergebnisse einem guten Teil der befreienden Kirche in Lateinamerika die Rechtgläubigkeit absprechen und so mitwirken, sie lahmzulegen.«[27]

Was das Verhältnis zwischen dem Studienkreis Kirche und Befreiung und Adveniat betrifft, so ist allein durch die Person von Bischof Hengsbach eine Verbindung vorhanden, der einerseits Mitbegründer und Leiter dieses Studienkreises ist, zugleich aber auch Vorsitzender von Adveniat. Vor allem in der Öffentlichkeit ist somit der Eindruck entstanden, daß Auftreten und Handeln von Bischof Hengsbach mit der Arbeit von Adveniat gleichzusetzen sei. Zwar hat Bischof Hengsbach auf einer Pressekonferenz am 1. 12. 1977 betont, daß der Studienkreis »keine Unternehmung von Adveniat sei, weder personell noch finanziell«. »Die Unkosten, die dabei entstanden sind, etwa für Herausgabe von Schriften oder für eine Veranstaltung eines Symposions, sind niemals von Adveniat weder erbeten noch von Adveniat gegeben worden, sondern aus privaten Spenden zusammengebracht worden.«[28] Dem steht aber entgegen, daß Bischof Hengsbach in seiner Schlußansprache des Kongresses von Rom sagte: »Herzlich zu danken ist den Mitarbeitern bei der Vorbereitung dieses Kolloquiums, vor allem meinen Mitarbeitern von Adveniat.«[29] Ein führender Mitarbeiter von Adveniat erklärte, daß den lateinamerikanischen Teilnehmern an dem Kongreß die Reisekosten von Adveniat bezahlt wurden. Aus einer Pressekonferenz vom 12. 5. 1977 berichtete Bischof Hengsbach auch über seine Reise nach Amerika, die er in seiner Funktion als Vorsitzender des Studienkreises, als Vorsitzender von Adveniat und als Militärbischof (zum Besuch bei der Basis der Deutschen Bundeswehr in El Paso/USA) unternommen hatte. In dieser Pressekonferenz stellte Bischof Hengsbach selbst eine enge Verbindung her zwischen dem Studienkreis und Adveniat[30]. Unterdessen hat Bischof Hengsbach den Vorsitz des Studienkreises aufgegeben, und es hat den Anschein, als sei der Studienkreis aufgelöst. Auch seine Funktion als Militärbischof hat Bischof Hengsbach abgegeben.

Was nun Adveniat selbst betrifft, so befindet sich dieses bischöfliche Werk in einem grundlegenden Dilemma[31]. In Abgrenzung zu Misereor, das allgemeine Entwicklungsprojekte fördert, soll Adveniat nur pastorale Projekte unterstützen. Was aber heißt hier pastoral? Legt man herkömmliche deutsche Maßstäbe zugrunde, so ist dieser Begriff sehr eng gefaßt und beschränkt sich auf Aus- und Weiterbildung kirchlicher Mitarbeiter, auf Pfarrseelsorge, Altersversorgung der Priester, Universitätsseelsorge usw. Faßt man dagegen pastoral im Sinne der Theologie der Befreiung auf, so weitet sich das Gebiet aus auf alle Bemühungen von Christen, der Befreiung der Menschen zu dienen. Dazu kommt noch das Problem, wer über die Zuteilung von Mitteln entscheidet. Nimmt Adveniat diese Auswahl vor, so wird – wie mir scheint zu Recht – von Lateinamerika aus der Vorwurf erhoben, es handele sich dabei um einen klerikalen Neokolonialismus. Überläßt Adveniat die Entscheidung allein den lateinamerikanischen Bischöfen, so weitet sich das Feld der zu fördernden Projekte weit über den bisherigen Rahmen von Adveniat aus.

Die Ambivalenz der Haltung von Adveniat schlägt sich auch in seinen Veröffentlichungen nieder. So ist es einerseits das große Verdienst von Adveniat, in seiner Reihe »Dokumente/Projekte« sämtliche Beschlüsse der zweiten Generalversammlung des lateinamerikanischen Episkopats in Medellin (1968) veröffentlicht zu haben. Auch andere sehr progressive Texte finden sich in dieser Reihe[32]. Daneben aber wurde in dieser Reihe auch die Schrift von W. Repges, »Christen in Lateinamerika« veröffentlicht, in der es u.a. heißt: »Gründe, daran zu zweifeln, daß die Theologie der Befreiung Botschaft von Gott ist, gäbe es sonst genug. Denn ist das noch ein Gott, der nur in der Hingabe an diese Welt, nur in dem Sich-Eingliedern in den notwendigen historischen Prozeß, nur in dem Engagement in dem Kampf um die Befreiung erfahrbar ist? Der nur in und durch die Geschichte, die zudem noch nichts weiter als eine Geschichte von Klassenkämpfen ist, zu mir spricht?... Die eigentliche Frage bleibt: Ist der Boden dieser Theologie der Mensch – oder Gott? Die Erde – oder der Himmel? Die Inkarnation (wenn man so will) – oder das ›Pascha‹? Muß man aber nicht annehmen, daß dieses zu erwartende Geschenk lediglich ein Fremdkörper ist, nicht aber Fundament ihres Glaubens und Handelns, wenn die Grundhaltung der Anhänger dieser Theologie Unduldsamkeit, Verbissenheit, ja Fanatismus ist, nicht aber Gelassenheit, Vertrauen und Freude im Herrn – wie etwa bei den Basisgemeinschaften(!)? Und wenn die Hinweise auf das ›Geschenk‹ der göttlichen Fülle nicht die Grundlage dieser Theologie sind..., muß man dann nicht erwarten, daß in ihrer Konsequenz liegt, auch die letzten Reste des vielgeschmähten Dualismus... abzuschütteln – mit allen Mythen (auch den von einem himmlischen Geschenk) radikal Schluß zu machen – und ›die Inkarnation zu vollenden‹? Dann ist die Welt ganz Welt, weil sie auch ihren Sinn in sich hat. Dann ist der Sinn des Lebens... nicht mehr die Hingabe an ein außerweltliches DU..., sondern die Hingabe an diese Erde, an ihre Geschichte, an den revolutionären Prozeß ... Dann ist Gott tot. Dann ist die Theologie nur noch Ideologie.«[33]

Auf dem Hintergrund dieser Situation ist das »Memorandum westdeutscher Theologen zur Kampagne gegen die Theologie der Befreiung« zu verstehen, das am 21. 11. 1977 veröffentlicht wurde. Der Text ist im Anhang abgedruckt. Die Erstunterzeichner waren Walter Dirks, Norbert Greinacher, Johann Baptist Metz, Karl Rahner, Herbert Vorgrimler und Hans Zwiefelhofer. Ihnen schlossen sich über hundert Personen an. Davon waren allerdings nicht alle Theologen, wie fälschlich behauptet wurde. Wie der Titel dieses Memorandums schon sagt, richtet sich der Protest gegen die Kampagne, welche von einflußreichen Kreisen der katholischen Kirche in der Bundesrepublik Deutschland gegen die Theologie der Befreiung geführt wurde. Das bischöfliche Werk Adveniat wurde nur insofern mit ins Spiel gebracht, weil durch die personelle Verflechtung zwischen dem Studienkreis Kirche und Befreiung und Adveniat und durch die Mitarbeit von Roger Vekemans im Rahmen von Adveniat dieses bischöfliche Werk in ein schiefes Licht geriet. Das Memorandum schließt seine Überlegungen folgendermaßen ab: »Wir können nicht ruhig hinnehmen, daß gerade die deutsche Kirche wieder einmal in den bösen Verdacht gerät, es mit den Mächtigen zu halten und bewußt oder unbewußt das menschenfeindliche Verhalten sich christlich nennender Diktatoren zu übersehen oder aus taktischen Gründen umzudeuten. Wir fordern daher auf das Entschiedenste einen sofortigen Abbruch jeglicher Unterstützung der Kampagne gegen die Theologie der Befreiung.«[34]

Während die bischöfliche Aktion Adveniat auf das Memorandum am 24. 11. 1977 mit einer Erklärung relativ sachlich reagierte[35], wurde das Memorandum in den Bistumszeitungen und in den Organen, welche dem offiziellen deutschen Katholizismus nahestehen, diskriminiert. Das ging soweit, daß die Münchener katholische Kirchenzeitung ihren Bericht überschrieb »Terror gegen Adveniat«[36], wobei man sich vor Augen halten muß, was der Begriff Terror gerade zu jener Zeit in der bundesrepublikanischen Öffentlichkeit bedeutete. Das »Ruhrwort« schrieb, daß die Veröffentlichung des Memorandums einer Praxis ähnlich sei, welche der ehemalige Kommunist Manes Sperber »ideologisch maskierte Niedertracht« nenne[37]. Hingegen fand das Memorandum in den nichtkirchlich gebundenen Medien in der Bundesrepublik Deutschland große Beachtung und sachliche Würdigung. Daß die Reaktion in Lateinamerika in Kreisen, die von der Theologie der Befreiung inspiriert sind, positiv war, läßt sich denken. Etliche maßgebliche Theologen der Befreiung bekundeten den Erstunterzeichnern ihren Dank[38].

Auf die maßlosen und diffamierenden Angriffe, die in dem von Wilhelm Weber u. a. herausgegebenen Buch auf die Unterzeichner des Memorandums ausgeübt wurden, möchte ich nicht eingehen, da diese Art der Auseinandersetzung nicht weiterführt und nicht angemessen ist[39]. Dagegen fand am 24. 2. 1978 ein Treffen zwischen Bischof Hengsbach und einigen der Erstunterzeichner des Memorandums statt, an dessen Ende folgendes Pressekommuniqué veröffentlicht wurde: »Am Freitag, 24. Februar 1978, fand in Essen ein Gespräch statt zwischen dem Bischof von Essen und den Professoren Dr. Norbert Greinacher, Tübingen, Dr. Johann Baptist Metz, Münster, Pater Dr. Karl Rahner, München, und Pater Dr. Hans Zwiefelhofer, München. Auch der Geschäftsführer der bischöflichen Aktion Adveniat, Prälat Emil Stehle, nahm daran teil. Das Gespräch war auf Einladung von Bischof Dr. Franz Hengsbach zustande gekommen und fand in einer offenen Atmosphäre statt. Gegenstand des Gespräches waren die in der Öffentlichkeit von den Professoren erhobenen kritischen Äußerungen gegen das bischöfliche Hilfswerk Adveniat, gegen Bischof Franz Hengsbach und den Studienkreis Kirche und Befreiung. Eine Reihe von Fragen, die offengeblieben sind, sollen weiter erörtert werden.«

Eine vorläufige Bilanz der Auseinandersetzung um die Theologie der Befreiung in der Bundesrepublik Deutschland aus meiner Sicht beinhaltet zunächst einmal, daß die innerkirchliche wie außerkirchliche Öffentlichkeit in der Bundesrepublik Deutschland aufmerksam gemacht wurde auf die Probleme, die sich im Kontext der Theologie der Befreiung stellen, vor allem darauf, daß sich die Kirchen in der Bundesrepublik Deutschland in dieser Hinsicht weder neutral verhalten haben noch neutral verhalten können. Ob sie es wollen oder nicht – sie sind in den Nord-Süd-Konflikt mit involviert. Sodann hat das Memorandum bewirkt, daß es Adveniat gelungen ist, einen deutlichen Trennungsstrich zu dem Studienkreis Kirche und Befreiung und zu der Militärseelsorge der katholischen Kirche in der Bundesrepublik Deutschland zu ziehen (wobei die prinzipielle Legitimität einer Militärseelsorge hier nicht in Zweifel gezogen werden soll). Allerdings wird und muß die Auseinandersetzung um die Theologie der Befreiung und ihre Konsequenzen für die Praxis der Kirchen in der Bundesrepublik Deutschland weitergehen.

4. Von Medellin nach Puebla

Wie bereits deutlich wurde, ist die Theologie der Befreiung in Lateinamerika keine rein akademische Angelegenheit. Sie ist zu einer Bewegung geworden, welche Teile der lateinamerikanischen Kirche erfaßt und geprägt hat. Dies soll hier beispielhaft aufgezeigt werden an drei offiziellen Dokumenten: »Beschlüsse der zweiten Generalversammlung des lateinamerikanischen Episkopates in Medellin 24. 8.–6. 9. 1968«[1]; »Gerechtigkeit in der Welt. Dokument der Bischöfe Perus für die Bischofssynode (August 1971)«[2]; »Beschlüsse der dritten Generalversammlung des lateinamerikanischen Episkopates in Puebla 27. 1. – 13. 2. 1979 in Puebla[3]«. Damit können auch einige Entwicklungslinien aufgezeigt werden, die den Weg der lateinamerikanischen Kirche in den letzten zehn Jahren seit der Bischofskonferenz von Medellin bis zur Bischofskonferenz in Puebla kennzeichnen.

4.1 Wichtige Aussagen von Medellin

Schon heute wird man sagen können, daß die zweite Generalversammlung des lateinamerikanischen Episkopates in Medellin 1968 ein herausragendes kirchengeschichtliches Ereignis war. Dies war einerseits bedingt durch die vielen Anstöße und Reformen, die vom Zweiten Vatikanischen Konzil (1962–1965) ausgegangen waren und die in der Praxis des kirchlichen Lebens in Lateinamerika ihren Niederschlag gefunden hatten. Hinzu kamen gesellschaftliche und politische Entwicklungen, die zu einem rapiden sozialen Wandel führten und nur allzu oft das Massenelend vergrößerten. Ferner wurde vielen Intellektuellen immer klarer, daß die Konzeption der »Entwicklung«, auf deren Ergebnisse man gehofft hatte, die soziale Situation nicht verbesserte, ja sie in vielerlei Hinsicht sogar verschlimmerte. Davon war schon in der Einleitung die Rede. Wie gezeigt wurde, hatte die Theologie der Befreiung diese Entwicklungen und Tendenzen aufgenommen und versucht, eine bestimmte theologische Interpretation der Situation zu geben. Zwar wurde die Theologie der Befreiung in den Beschlüssen von Medellin kein einziges Mal erwähnt. Aber das ganze Dokument ist durchdrungen vom Geist der Theologie der Befreiung, und viele der zentralen Themen der Theologie der Befreiung wurden direkt angesprochen und im Sinne dieser Theologie interpretiert.

So kann man zunächst feststellen: Das Dokument von Medellin ist ein Beweis dafür, daß die katholische Kirche in Lateinamerika sich durchaus der Situation des beschleunigten und umfassenden sozialen Wandels bewußt ist, der sich in der lateinamerikanischen Gesellschaft vollzieht. Immer wieder wird auf die radikalen gesellschaftlichen Veränderungen Bezug genommen und die Kirche mit den Aufgaben konfrontiert, die sich daraus für sie ergeben.

Es ist deshalb nicht erstaunlich, daß die Beschlüsse vom Geist eines Neuaufbruchs getragen sind. Die wichtigsten Dimensionen und Strukturen der Kirche werden einer umfassenden Revision unterzogen, und es werden weitreichende Reformen gefordert. Medellin hat gezeigt, daß die Kirche eine »semper reformanda«, eine immer von neuem zu reformierende Kirche sein muß. So heißt es in dem Dokument: »Jede Überprüfung der kirchlichen Strukturen muß in dem, was an ihr reformierbar ist, zwar auf die Befriedigung der Forderungen der konkreten historischen Situation hinauslaufen, aber auch im Hinblick auf die Natur der Kirche geschehen... Daraus ergibt sich, daß die kirchlichen Strukturen periodisch überprüft und... neu angepaßt werden müssen.«[4]

Die Beschlüsse von Medellin legen so etwas wie einen umfassenden Pastoralplan für die lateinamerikanische Kirche vor. Die Überschriften über die 16 Abschnitte mögen dies verdeutlichen: Gerechtigkeit, Friede, Familie und Demographie, Erziehung, Jugend, Volkspastoral, Pastoral der Führungsschichten, Katechese, Liturgie, Laienbewegungen, Priester, Ordensleute, Ausbildung des Klerus, Armut der Kirche, Pastorale de conjunto[5], Soziale Kommunikationsmittel.

Trotz einer nüchternen Analyse der Gegenwartssituation, auf die wir gleich zurückkommen werden, ist das Dokument doch von einem vorsichtigen Optimismus geprägt. Die Aufbruchsstimmung könnte den Anschein erwecken, als könnten bei gutem Willen der Verantwortlichen die meisten Probleme in Kirche und Gesellschaft in absehbarer Zeit einer Lösung zugeführt werden. Der Tenor des Dokumentes von Puebla wird in dieser Hinsicht aufgrund der gemachten Erfahrungen ernster und nüchterner sein.

Im Folgenden sollen nun einige wichtige Aussagen des Dokumentes von Medellin kurz dargestellt werden.

4.1.1 Analyse der Gegenwartssituation

Die Bischofskonferenz in Medellin geht von einer Analyse der sozialen, ökonomischen, politischen und kulturellen Situation auf dem lateinamerikanischen Kontinent aus, wie wir dies bereits von der Theologie der Befreiung her kennen. So heißt es gleich zu Beginn: »Lateinamerika scheint noch unter dem typischen Zeichen der Unterentwicklung zu leben, was unsere Brüder nicht nur vom Genuß der materiellen Güter, sondern auch von ihrer eigenen menschlichen Verwirklichung trennt. Trotz der gegenwärtigen Bemühungen gibt es immer noch Hunger und Elend, Massenerkrankungen und Kindersterblichkeit, Analphabetismus und Marginalität, enorme Lohnunterschiede und Spannungen zwischen den sozialen Klassen, Anhänger der Gewalt und geringe Teilnahme des Volkes in Fragen des Gemeinwohls.«[6] Am Ende wird dieses Thema noch einmal aufgenommen: »In unserem Kontinent befinden sich Millionen von Menschen am Rande der Gesellschaft und werden gehindert, die ganze Fülle ihrer Bestimmungen zu erreichen, sei es durch das Bestehen unangepaßter und ungerechter Strukturen, sei es durch andere Faktoren, wie durch den Egoismus oder die Gefühlslosigkeit.«[7] Die Tatsache des Klassenkampfes wird klar gesehen, wenn unter der Überschrift »Spannungen zwischen den Klassen und interner Kolonialismus« zu lesen ist: »Übermäßige Ungleichheiten zwischen den sozialen Klassen, besonders, wenn auch nicht ausschließlich, in jenen Ländern, die durch ein markantes Zweiklassensystem gekennzeichnet sind: Einige besitzen viel (Kultur, Reichtum, Macht, Prestige), während viele wenig besitzen.«[8] Eine wichtige Ursache für diese Situation der »institutionalisierten Gewalt«[9] wird in der Form des ökonomischen Systems gesehen: »Das lateinamerikanische Unternehmersystem und somit die derzeitige Wirtschaft entsprechen einer irrigen Auffassung vom Eigentumsrecht an den Produktionsmitteln und von der eigentlichen Zielsetzung der Wirtschaft. In einer wirklich humanen Wirtschaft identifiziert sich das Unternehmen nicht mit den Kapitaleigentümern, weil es fundamental Gemeinschaft von Personen und Arbeit ist, die Kapital zur Güterproduktion braucht... Das liberal-kapitalistische System und die Versuchung durch das marxistische System scheinen in unserem Kontinent die Möglichkeit auszuschöpfen, die wirtschaftlichen Strukturen zu wandeln. Beide Systeme verstoßen gegen die Würde der menschlichen Person.«[10] An einer anderen Stelle wird von dem Neokolonialismus gesprochen, gekennzeichnet »durch Strukturen wirtschaftlicher, politischer und kultureller Abhängigkeit von den industrialisierten Marktzentren, die die Monopole der Technik und der Wissenschaft unrechtmäßig vorenthalten.«[11] Dabei wird kein Zweifel darüber gelassen, daß diese zutiefst ungerechte und menschenunwürdige Situation »einen Zustand der Sünde ausdrücke«[12].

4.1.2 Das Wirken Gottes in der Geschichte der Befreiung

Die Bischofskonferenz wendet sich gegen jede Zweiteilung oder gegen jeden Dualismus, der die Heilsgeschichte von der Menschheitsgeschichte trennen will. Vielmehr »stellen die ›Zeichen der Zeit‹, die sich in unserem Kontinent vor allem in der sozialen Ordnung ausdrücken, einen ›theologischen Ort‹ und Anruf Gottes dar«[13]. Die Sehnsucht nach Mündigkeit, nach Befreiung von einer Knechtschaft, nach persönlicher Reifung und Integration aller im lateinamerikanischen Volk wird als ein augenscheinliches Zeichen des Geistes interpretiert, der die Geschichte der Menschen und Völker ihrer Berufung entgegenführt. »Christus, aktiv in unserer Geschichte gegenwärtig, nimmt seine eschatologische Tat nicht nur im ungeduldigen Sehnen des Menschen nach seiner totalen Erlösung vorweg, sondern auch als prophetisches Zeichen in jenen Errungenschaften, die der Mensch durch eine in Liebe verwirklichte Aktivität erlangt.«[14] Im Verlauf des Befreiungsprozesses sollen die Menschen nicht Objekte, sondern Träger ihrer eigenen Geschichte werden. »In der Heilsgeschichte ist das Werk Gottes eine Handlung der ganzheitlichen Befreiung und Förderung des Menschen in seiner vollen Dimension, die als einzigen Beweggrund die Liebe hat.«[15]

4.1.3 Ganzheitliche Befreiung

Damit ist ein Thema angesprochen, welches das ganze Dokument durchzieht. Die den Menschen von Gott in Jesus Christus geschenkte Befreiung umfaßt alle Dimensionen des Menschseins. Sie beginnt sich zu verwirklichen im Verlaufe der Geschichte und wird von Gott am Ende der Zeiten vollendet. Jesus Christus ist Mensch geworden, »um alle Menschen aus der Knechtschaft zu befreien, in der sie die Sünde, die Unwissenheit, der Hunger, das Elend und die Unterdrückung, mit einem Wort, die Ungerechtigkeit und der Haß gefangenhalten, die ihren Ursprung im menschlichen Egoismus haben«[16]. Sofort aber wird differenzierend hinzugefügt, daß es nicht angehe, den irdischen Fortschritt mit dem Reich Gottes zu verwechseln. Aber unter Verweis auf die Pastoralkonstitution des Zweiten Vatikanischen Konzils über die Kirche in der Welt von heute[17] wird darauf hingewiesen, daß der irdische Fortschritt, insofern er zu einer besseren Ordnung der menschlichen Gesellschaft beitragen kann, eine große Bedeutung für das Reich Gottes hat. So heißt es an einer anderen Stelle: »Weil jede Befreiung schon eine Vorwegnahme der vollkommenen Erlösung durch Christus ist, fühlt sich die lateinamerikanische Kirche mit allen erzieherischen Anstrengungen, die auf die Befreiung unserer Völker abzielen, besonders solidarisch.«[18]

4.1.4 Bewußtmachung

Ohne den Namen von Paolo Freire zu erwähnen, beruht ein ganzer Abschnitt über die befreiende Erziehung auf dieser

Konzeption. Es heißt dort: »Zunächst gibt es den großen Sektor der von der Kultur Ausgeschlossenen, die Analphabeten und besonders die eingeborenen Analphabeten, die oft des elementaren Gutes der Verständigung durch eine gemeinsame Sprache entbehren. Ihre Unwissenheit ist eine unmenschliche Knechtschaft. Ihre Befreiung ist eine Verantwortung aller Menschen Lateinamerikas. Sie müssen befreit werden von ihren Vorurteilen und ihrem Aberglauben, von ihren Minderwertigkeitsgefühlen und Hemmungen, von ihrem Fanatismus, von ihrem Fatalismus, von ihrer ängstlichen Verständnislosigkeit gegenüber der Welt, in der sie leben, von ihrem Mißtrauen und ihrer Passivität. Die Aufgabe der Erziehung dieser unserer Brüder besteht nicht einfach darin, sie in die sie umgebenden kulturellen Strukturen – die ebenfalls bedrückend sein können – einzugliedern, sondern in etwas viel tieferem. Sie besteht darin, sie zu befähigen, sich selbst als Schöpfer ihres eigenen Fortschritts auf kreative und originäre Art eine kulturelle Welt zu entwickeln, die im Einklang steht mit ihrem eigenen Reichtum und die Frucht ihrer eigenen Bemühungen sein soll. Besonders wenn es sich um die Eingeborenen handelt, müssen die eigenen Werte ihrer Kultur respektiert werden, ohne den schöpferischen Dialog mit anderen Kulturen auszuschließen.«[19] Die befreiende Erziehung soll so dazu führen, daß die Menschen zum Subjekt ihrer eigenen Entwicklung werden. Eine solche Erziehung wird als der Schlüssel angesehen, mit dem man die Völker aus aller Knechtschaft befreien kann.

4.1.5 Solidarität mit den Armen

In den Beschlüssen von Medellin hat sich die lateinamerikanische Kirche klar und eindeutig auf die Seite der Armen gestellt. »Der lateinamerikanische Episkopat darf angesichts der ungeheuren sozialen Ungerechtigkeiten in Lateinamerika nicht gleichgültig bleiben; Ungerechtigkeiten, die die Mehrheit unserer Völker in einer schmerzhaften Armut halten, die in sehr vielen Fällen an unmenschliches Elend grenzt. Es erhebt sich ein stummer Schrei von Millionen von Menschen, die von ihren Hirten eine Befreiung erbitten, die ihnen von keiner Seite gewährt wird.«[20] Die Bischöfe gestehen, daß es genügend Fälle gibt, in denen die Armen sich von kirchlichen Amtsträgern verlassen fühlen. Sie geben aber ihrem festen Willen Ausdruck, daß die Kirche in Lateinamerika in Zukunft den Armen die frohe Botschaft verkünden und mit ihnen solidarisch sein will. »Die Armut so vieler Brüder und Schwestern schreit nach Gerechtigkeit, Solidarität, Zeugnis, Engagement, Anstrengung und Überwindung für die volle Erfüllung des von Christus anvertrauten Heilsauftrages.«[21]

4.1.6 Bedeutung der Basisgemeinden

An vielen Stellen der Beschlüsse wird auf die Bedeutung der Basisgemeinden hingewiesen. Zwar ist die Terminologie nicht einheitlich, die gemeinte Sache aber deutlich. In einem eigenen Abschnitt über die »christlichen Basisgemeinschaften« heißt es: »Das Leben der Gemeinschaft, zu dem der Christ aufgerufen wurde, muß er in seiner ›Basisgemeinschaft‹ finden; das heißt, in einer Gemeinschaft am Ort oder in der Umgebung, die der Wirklichkeit einer homogenen Gruppe entspricht und eine solche Dimension hat, daß sie die persönliche brüderliche Begegnung unter ihren Mitgliedern erlaubt... Die christliche Basisgemeinschaft ist so der erste und fundamental kirchliche Kern, der sich in seinem eigenen Bereich für den Reichtum und die Ausbreitung des Glaubens, wie auch für die des Kultes, der sein Ausdruck ist, verantwortlich machen muß. So ist sie Kernzelle kirchlicher Strukturierung, Quelle der Evangelisierung und gegenwärtig der Hauptfaktor der menschlichen Förderung und Entwicklung.«[22] An einer anderen Stelle wird darauf hingewiesen, daß solche Basisgemeinden vor allem in ländlichen und städtischen Elendsvierteln gebildet werden sollen und daß in ihnen nach Möglichkeit auch die Eucharistie gefeiert werden soll[23].

4.1.7 Ausblick

Die Beschlüsse von Medellin, das wird deutlich geworden sein, gehen an etlichen Punkten weit über die Aussagen des Zweiten Vatikanischen Konzils hinaus. Sie sind Ausdruck einer Kirche, die sich dem Gebot der Umkehr stellt: Weg von einer Kirche, die vor allem durch den sogenannten Sakramentalismus, d.h. eine fast automatische Spendung der Sakramente (gegen entsprechende Gebühren!), durch Koalitionen mit den politisch Mächtigen und durch Inanspruchnahme von Privilegien gekennzeichnet war; hin zu einer Kirche, die sich mit den Armen und Entrechteten solidarisiert, sich auf den Befreiungskampf einläßt mit allen damit verbundenen Risiken und die in diesem Prozeß die Befreiung der Menschen und das Wirken Gottes sieht. Wie ging dieser Weg weiter?

4.2 Dokument der Bischöfe Perus für die Bischofssynode

Die Bischofssynode der katholischen Kirche ist eine Frucht des Zweiten Vatikanischen Konzils[24]. Sie setzt sich zusammen aus den Vorsitzenden der nationalen Bischofskonferenzen, aus weiteren Bischöfen, die von den nationalen Bischofskonferenzen als ihre Repräsentanten gewählt wurden, und aus kirchlichen Amtsträgern, die vom Papst bestimmt werden. Für das Jahr 1971 wurde vom Papst als ein zu behandelndes Thema »Gerechtigkeit in der Welt« festgesetzt. Zur Vorbereitung dieser Bischofssynode haben die Bischöfe Perus das Dokument verfaßt.

Von allen kirchenoffiziellen Dokumenten, die ich kenne, ist diese Schrift am entschiedensten vom Geiste der Theologie der Befreiung durchdrungen. Es ist zu vermuten, daß Gustavo Gutierrez an der Ausarbeitung mitgearbeitet hat. Mit schonungsloser Deutlichkeit wird eine Analyse der sozialen, ökonomischen, kulturellen und politischen Situation vorgenommen und diese von den theologischen Ansichten der Theologie der Befreiung aus interpretiert. Und die Kirche Perus stellt sich sodann der Herausforderung, welche diese Situation bedeutet. Trotz des dramatischen Ernstes im Hinblick auf die Beschreibung der Situation ist aber auch hier – wie im Dokument von Medellin – ein Optimismus insofern festzustellen, als man glaubt, den richtigen Weg, den es einzuschlagen gilt, gefunden zu haben; man erwartet – mehr unausgesprochen als bewußt – eine baldige Änderung. Ein lateinamerikanischer Gesprächspartner hat es einmal so ausgedrückt: »Ende der sechziger Jahre erwarteten wir, daß der Neubeginn einer humanen sozialistischen Gesellschaft um die Ecke auf uns wartet.« In dem Dokument von Puebla wird sich in dieser Hinsicht, wie wir sehen werden, eine andere Perspektive ergeben.

Das Dokument der Bischöfe Perus tritt – nach einer längeren Einleitung – in einem ersten Teil »für eine gerechte Welt« ein und behandelt in einem zweiten Teil »die Kirche, Sakrament der Einheit der Welt«.

Gleich zu Beginn heißt es: »Die peruanische Kirche wirkt in einem Land, das einen entscheidenden Abschnitt seiner Geschichte durchlebt, wobei sich das Bestreben unseres Volkes bemerkbar macht, eine gerechtere Gesellschaft aufzubauen... Wir teilen mit den Nationen der dritten Welt das Schicksal, Opfer von Systemen zu sein, die unsere wirtschaftlichen Reichtümer ausbeuten, unsere politischen Entscheidungen kontrollieren und uns die kulturelle Vorherrschaft ihrer Werte und ihrer Konsumzivilisation aufdrängen. Diese von den lateinamerikanischen Bischöfen in Medellin angeprangerte Situation bleibt bestehen und festigt sich aufgrund der internen Struktur unserer Länder, einer Struktur der wachsenden wirtschaftlichen, sozialen und kulturellen Ungleichheit, der politischen Perversion, die nicht dem Wohle aller, sondern nur einigen wenigen dient. Wir teilen mit diesen Ländern ebenfalls die Bemühung um eine Befreiung. In unserem Land entsteht aus der historischen Lage heraus ein Streben nach Befreiung in jeglicher Hinsicht. Dies ist das Ergebnis des Elends der marginalen Bevölkerung, ihres Zusammenschlusses zu solidarischen Verbänden und ihres Kampfes; es ist aber auch eine Folge der Interpretation unserer Wirklichkeit als Nebenprodukt der kapitalistischen Entwicklung der westlichen Gesellschaft, welche als Zentrum des Systems betrachtet wird.«[25] Scharf kritisiert werden die »herrschenden Kräfte von außen«, die mit wirtschaftlichen Sanktionen, mit Gewährung von Krediten und Hilfen nur unter bestimmten Bedingungen die internationale Abhängigkeit aufrechterhalten. Aber auch die dominierenden Gruppen im Inneren des Landes kämpfen um ihre Privilegien. Sie transferieren ihr Kapital ins Ausland, ohne sich im geringsten um die Konsequenzen für die Menschen zu kümmern. Es wird aber auch festgestellt, daß die Haltung der peruanischen Christen zwiespältig sei. Zwar gibt es viele unter ihnen, die sich engagiert für Änderungen einsetzen; andere versuchen jedoch, die Verteidigung ihrer Privilegien vom Glauben her zu rechtfertigen. »Angesichts dieser Situation ergeben sich innerhalb der christlichen Gemeinschaft Parteinahmen zugunsten der Unterdrückten, indem man sich mit ihren Problemen, ihren Kämpfen und Bedürfnissen identifiziert. Viele Christen sehen ihr Engagement durch eine Theologie ermutigt, die diese Wirklichkeit als eine Situation der Sünde und als eine Verneinung des Planes Gottes interpretiert, und die zu einem Engagement für die Befreiung drängt, einfach als Antwort auf den Herrn, der uns berufen hat, unsere Geschichte selbst zu gestalten. Die Kirche entdeckt so, daß sie durch ihre Präsenz unvermeidlich in die Politik verwickelt ist und daß sie das Evangelium in einer Situation der Unterdrückung nicht verkünden kann, ohne die Gewissen mit der Botschaft des Befreiers Christus aufzurütteln. Sie sieht in der evangelischen Armut den Ausdruck ihrer Solidarität mit den Unterdrückten und klagt die unterdrückende Konsumgesellschaft der Schuldhaftigkeit gegen Gott an, weil sie künstliche Bedürfnisse und überflüssigen Konsum schafft. Sie erkämpft die Dringlichkeit, sich den Weltproblemen zu öffnen, um ihrer Sendung treuzubleiben. Wie in der Vergangenheit neigt die Kirche auch jetzt noch dazu, sich allein mit ihren eigenen internen Problemen zu beschäftigen. Wenn sie sich aber aus den Ängsten und Bedrängnissen der Menschen heraushält, besteht die Gefahr, daß sie kein Zeichen mehr ist.«[26]

In dem ersten Teil des Dokumentes »für eine gerechte Welt« wird zunächst darauf hingewiesen, daß das Problem der Gerechtigkeit in der Welt das zentrale Problem der heutigen Weltgesellschaft sei. »Die Verwirklichung der Gerechtigkeit unter den Menschen gehört zum Kernstück der biblischen Botschaft. Gerechtigkeit üben, heißt Gott kennen und somit ihn lieben (1 Jo 2,29).«[27]

Über die Beziehung zwischen Befreiung und Erlösung heißt es: »Die Schaffung einer gerechten Gesellschaftsordnung in Lateinamerika und in Peru bedeutet Befreiung aus der gegenwärtigen Situation, der Abhängigkeit, der Unterdrückung und der Ausbeutung, in der die große Mehrheit unserer Völker lebt. Die Befreiung wird einerseits einen Bruch mit all dem darstellen, was es dem Menschen unmöglich macht, sich als solcher zu verwirklichen, sei es persönlich oder gemeinschaftlich, und andererseits wird es die Errichtung einer neuen menschlicheren und brüderlicheren Gesellschaftsordnung bedeuten. Die Erlösung durch Christus erschöpft sich nicht in der politischen Befreiung, sondern diese findet ihren Ort und ihre wahre Bedeutung in der totalen Befreiung, die in der Heiligen Schrift unermüdlich verkündet wird und die den Menschen zu seiner Würde als Kind Gottes bringt. Ein Gottesvolk, das alle Menschen und den ganzen Menschen fördert, ist das, was Gott will und die Menschen erwartet.«[28]

In dem Abschnitt über »Teilnahme am Befreiungsprozeß« wird ausgeführt, daß der Mensch Urheber seines eigenen Schicksals sein muß, verantwortlich gegenüber der Geschichte, Schöpfer seiner eigenen Kultur und Zivilisation. Das Dokument wendet sich gegen den Schein einer Formaldemokratie und tritt für eine echte Partizipation der Menschen am politischen und wirtschaftlichen Leben ein. Das kapitalistische System muß überwunden werden, weil in ihm das Kapital privilegiert und die Arbeit als eine reine Ware betrachtet wird. »Als Konsequenz dieser Auffassung über die Arbeit ist es nötig, das ausschließliche Privateigentum an den Produktionsmitteln zu überwinden und ein Gemeineigentum zu schaffen, das auf wirksamere Weise der Bedeutung der menschlichen Arbeit Rechnung trägt und auch der allgemeinen Bestimmung der Güter. Denn Gott der Schöpfer hat die Güter allen Menschen zugedacht. Mehr noch: Die Führung des Unternehmens soll Sache all derer sein, die in diesem arbeiten, als besondere Form der Mobilisierung und der sozialen Teilnahme... Das bereits Gesagte und die Erfahrung unseres Volkes führt zu einer Ablehnung des Kapitalismus, sowohl in seiner wirtschaftlichen Form als auch in seiner ideologischen Basis, die den Individualismus, den Wucher und die Ausbeutung des Menschen durch den Menschen begünstigt. Deswegen sollte man sich um die Schaffung einer qualitativ anderen Gesellschaft mühen.«[29]

Um zu einer solch neuen Gesellschaft zu kommen, ist eine umfassende befreiende Erziehung und Bildung des ganzen Volkes notwendig. »Deshalb erkennen heutzutage viele Christen in sozialistischen Strömungen gewisse Bestrebungen, die sie selbst in ihrem Inneren im Namen ihres Glaubens hegen. Eine so verstandene Bildung führt zur Schaffung eines neuen Menschen und einer neuen Gesellschaft: Ein sozialer Mensch und eine Gesellschaft als Gemeinschaft, in der Demokratie lebendig ist durch eine wirksame politische Beteiligung der gesellschaftlichen Mitglieder, durch das Gemeineigentum an den Produktionsmitteln, durch eine menschliche Auffassung und Verwirklichung der Arbeit, durch die Unterordnung des Kapitals unter die Notwendigkeiten der ganzen Gesellschaft. Eine so verstandene Gesellschaft schließt aus ihrer Konzeption heraus gewisse historische Sozialismen aus, die wir wegen ihres Bürokratismus, ihres Totalitarismus oder wegen ihres militanten Atheismus ablehnen.«[30]

In den »Vorschlägen für die Bischofssynode« heißt es u. a.: »Angesichts der Tatsache, daß Regierungen gebildet werden, die versuchen, in ihren Ländern eine gerechtere und menschlichere Gesellschaftsordnung zu errichten, schlagen wir vor, daß die Kirche sich verpflichtet, diese zu unterstützen, indem sie dazu beiträgt, Vorurteile abzubauen; indem sie ihre Bemühungen anerkennt und sie ermutigt bei der Suche eines eigenen Weges hin zu einer sozialistischen Gesellschaftsordnung mit humanistischem und christlichem Inhalt; indem sie die Rechtmäßigkeit der Enteignung von Gütern und Reichtümern anerkennt, wenn deren Besitz dem Land großen Schaden zufügt, aber auch dann, wenn die ungerechte Anhäufung von Reichtum sich innerhalb eines gesetzlichen legalen Rahmens vollzieht[30a]. Ferner wird vorgeschlagen, daß die Bischofssynode die Praxis der Industrieländer, ihre Privatinvestitionen dann abzuziehen, wenn diese den politischen und nationalen Zielen der Entwicklungsländer untergeordnet werden, als

Verrat an der Idee menschlicher Brüderlichkeit anprangert. Ferner soll die Synode die Pseudo-Neutralität jener Länder verurteilen, die durch ihr Bankensystem die Flucht, die Anhäufung und den Schutz der Kapitalien begünstigen und damit die Länder der dritten Welt verarmen lassen. Die nationalen Kirchen in den Industrieländern sollen sich bewußt werden, daß ihr Handeln oder Nichthandeln Faktoren in dem Spiele sind, das ihre Länder als die Herrschenden über die anderen Völker treiben. Wir fordern deshalb, daß sie diese Situation nach besten Kräften bekämpfen, indem sie diesen Zustand anprangern und ihren sozialen und moralischen Einfluß geltend machen, um ihn zu überwinden. Zum Beispiel, indem sie den Verkauf von Waffen an Länder der dritten Welt und auch die Willkür verurteilen, mit der internationale Kredite vergeben werden.«[31]

Im Hinblick auf den Rüstungswettlauf wird folgendes vorgeschlagen: »Da es nicht nur ungerecht, sondern auch ein Verstoß gegen den Willen Gottes ist, wenn Millionen Menschen in einer untermenschlichen Situation leben, während zugleich ungeheure wirtschaftliche Mittel für einen unbegrenzten Rüstungswettlauf aufgewendet werden, mit dem Ziel, internationale Machtstellungen zu halten – eine Situation, die noch durch die nukleare Rüstung verschärft wird, die nicht nur eine materielle Verschwendung und Kriegsgefahr darstellt, sondern auch eine Schädigung der Menschheit durch die Atomversuche –, schlagen wir vor, daß die Weltkirche diesen Zustand im allgemeinen, sowie auch in konkreten Fällen, in denen diese Waffen von den mächtigen Ländern zur Unterdrückung der armen Völker benutzt werden, mit Entschiedenheit verurteilt.«[32]

In dem zweiten Teil des Dokumentes über »Die Kirche – Sakrament der Einheit der Welt« heißt es über die Rolle der Kirche in Lateinamerika: »Eine Kirche, die sich aus der lateinamerikanischen Welt definiert, fordert von uns, daß wir uns neu als Glaubensgemeinschaft in einer Welt begreifen, die gekennzeichnet ist durch verschiedene Formen der Unterdrückung. Glaube und revolutionäres Engagement, Glaube und politische Aktion, das sind mit anderen Worten die Probleme der Gläubigen in Lateinamerika. Die Beziehung zwischen Eschatologie und Politik kommt in der Anstrengung um die Gestaltung eines geschichtlichen Auftrags, der befreiend sein soll, zum Ausdruck, d. h. der die Ankunft einer gerechten, brüderlichen und solidarischen Gesellschaft eines wirklich neuen Menschen anstrebt.«[33] Und über die Evangelisierung wird folgendes ausgeführt: »Die Anwesenheit und die Aktion der Kirche hat eine unvermeidliche politische Auswirkung, da man unmöglich evangelisieren kann, ohne sich in dem Kampf gegen den Zustand der Unterdrückung zu engagieren. Von einer rein pastoralen und erläuternden Verkündigung des Evangeliums muß man zu einer authentischen Einpflanzung des Evangeliums, die das Leben umwandelt, übergehen.«[34]

In einem Anhang wird die »Erklärung der apostolischen Vikariate im Urwald angesichts der Situation der Ungerechtigkeit« angefügt, die in eindrucksvollen Worten auf die unmenschliche Unterdrückung und Ausbeutung der Indianerbevölkerung im Amazonasgebiet hinweist und radikale Änderungen fordert.

Um die ganze Tragweite der Aussage dieses Dokumentes zu begreifen, ist es vielleicht nützlich, sie mit den Ausführungen zu konfrontieren, die Julius Kardinal Döpfner in seiner Ansprache vor dem Bundesverband der Deutschen Industrie am 11. 3. 1975 gemacht hat. Dabei betonte Kardinal Döpfner ausdrücklich, daß er diese Ausführungen kraft seines bischöflichen Lehramtes vornehme. Der Kardinal setzte sich hier in scharfer Form mit den Systemkritikern, die »Räte oder basisdemokratische Lösungen und Modelle auf allen gesellschaftlichen Ebenen« fordern, auseinander. »Diese weithin ideologischen Angriffe auf die soziale Marktwirtschaft sind nur Teil einer Gesamttendenz, die nicht nur die Unternehmerschaft, sondern auch die Kirche und unsere gesamte freiheitliche Gesellschaft bedroht... Kirche und Unternehmerschaft sehen sich also der gleichen Herausforderung gegenüber.« Die Kirche steht solidarisch zur Unternehmerschaft: »Sie spricht zur privatunternehmerischen Wirtschaft ein zwar bedingtes, aber unüberhörbares ›Ja‹.« Nach Kardinal Döpfner ist es »ein leichtes, in den vielen kirchenoffiziellen Verlautbarungen... überaus zahlreiche Aussagen zu finden, die auf die wesentlichen Grundlagen privatunternehmerischer Wirtschaft abheben und damit die Existenz und Funktion des privaten Unternehmers positiv implizieren. Dies gilt z.B. ganz besonders von den Aussagen über die Bedeutung des privaten Produktionseigentums, über den Vorrang der privaten vor der staatlichen Initiative im Wirtschaftsleben, über Marktwirtschaft und Wettbewerb. Hier sind die Aussagen völlig eindeutig.«[35]

Man könnte meinen, die Vertreter zweier völlig verschiedener Institutionen treten einander gegenüber. Und doch handelt es sich um Bischöfe derselben Kirche.

4.3 Puebla als die »Firmung« von Medellin

Die Vorzeichen für die dritte Generalversammlung des lateinamerikanischen Episkopates, die vom 27. 1. bis 13. 2. 1979 in Puebla/Mexiko stattfand, standen schlecht. Einflußreiche kirchliche und politische Kreise in Rom, in der Bundesrepublik Deutschland und in Lateinamerika gaben zu erkennen, daß Puebla die von Medellin aufgezeigte Linie an wesentlichen Punkten korrigieren müßte. Vor allem der damalige Generalsekretär des lateinamerikanischen Bischofsrates (CELAM), Weihbischof Lopez Trujillo, setzte alles daran, um Puebla einen völlig anderen Charakter zu geben. Zur Illustration dessen, auf welche Weise und in welchem Geiste er vorging, seien hier Auszüge aus einem Brief von ihm an Bischof Luciano Duarte abgedruckt, der durch Zufall bekannt wurde:

»Lieber Luciano,
ich konnte es nicht mehr abwarten, Dir diese persönlichen Zeilen zu schreiben. Sie werden bei Dir zu Berichten und Rundschreiben, die Du aus Rom, Bogota oder von irgendwelchen anderen Plätzen auf der Welt erhieltest, hinzukommen... Ich hoffe, daß Du nach der Wahl des neuen Papstes nicht nur zufrieden bist, sondern geradezu vor Freude strahlst... Wie Du siehst, hat er begonnen, klar zu sprechen.

Im Vertrauen sage ich Dir, daß es nicht einfach war, die Puebla-Konferenz im Januar stattfinden zu lassen... Es gab

Gruppen, die daran interessiert waren, daß sie verschoben würde oder gar definitiv aufgehoben würde... In einigen Gruppen gab es kein größeres Anliegen als das, daß die Dinge konfus und zweideutig blieben. Außerdem war es nicht möglich, die Versammlung des Bischofsrates einzuberufen, bevor nicht zuvor die Bischofskonferenz in Puebla stattgefunden habe. Man hätte – wie immer gefährliche – Wahlen durchgeführt ohne ideologische Plattform und ohne konkrete reife Programme. Bereite also Deine Flugbomber und Dein würziges Gift vor, da wir Dich sowohl in Puebla als auch auf der Versammlung der CELAM brauchen werden, und zwar mehr als je zuvor und in der besten Kondition. Ich glaube, Du mußt Dich einem Training unterziehen so wie die Boxer, bevor sie bei den Weltmeisterschaften in den Ring steigen, damit Deine Schläge auch dem Evangelium entsprechen und treffen.

Ich habe mit Don Aloisio [dem brasilianischen Kardinal Lorscheider, Präsident der CELAM] und mit dem Kardinal Landazuri und anderen über alle Schlußfolgerungen gesprochen, die aus der haltlosen Position von Leonardo Boff [Brasilianischer Theologe der Befreiung] hervorgehen. Er hat mir zu verstehen gegeben, daß die Bischofskonferenz in etwa so als eine Vorwarnung vorbereitet worden sei. Hoffentlich wird das auch so sein. Das letzte Buch, das ich gelesen habe, könnte gar nicht noch verwirrter und unerfreulicher sein. Traurig ist, daß die Kongregation der Religiosen gegenüber diesen und vielen anderen Abweichungen auf ihrem Weg ohne jede eschatologische Spannung bleibt. Die Spannung hat er uns in der CELAM gelassen [gemeint ist Kardinal Pironio, Vorsitzender der CLAR], indem er den geballten Einfluß der CLAR [Lateinamerikanische Konförderation von Religiosen] geltend machte. Hast Du übrigens die beiden Puebla-Nummern dieser ›verdienstvollen‹ Institution erhalten?

Hoffentlich hast Du Dich mit dem Kardinal Alvear und mit dem Karl Eugenio getroffen. Mir scheint, daß sie mit einem gewissen Optimismus nach Puebla fahren. Und ich glaube, daß, wenn man alles zusammennimmt, sie hinreichende Gründe dafür haben. Ich habe in Rom einige Minuten mit dem Kardinal von Sao Paolo gesprochen. Ich habe ihm meine Ansicht zu den Gedanken von Boff mitgeteilt, und ich habe ihm (was ich auch jetzt tue) versprochen, ihm mein Buch zuzusenden, um zu sehen, in welchem Punkte wir einer Meinung sind... Ich bin davon überzeugt, daß diese Personen sich sehr stark fühlen, wenn man sie nicht angreift. Wenn man ihnen die Sachen ins Gesicht sagt, dann nehmen sie eine andere Haltung ein... Obwohl niemand sie dazu bringen wird, ihre Position zu verändern.

Sag mal, wie sind dort die Kommentare zum Arbeitsdokument, und wie siehst Du die Zusammenstellung der Kommissionen? Als ich nach der Wahl von Johannes Paul I. im August nach Rom kam, hatte Don Aloisio schon die Ernennung des Bischofs, von dem wir gesprochen hatten und über den ich meine Meinung – sogar schriftlich – dem Kardinal Baggio mitgeteilt habe, als ersten in der Nachrückerliste erreicht. Als ich mich beschwerte, sagte man mir, daß dadurch alles ganz ausgewogen sei, daß ein anderer Bischof, der eine sehr sichere Linie vertritt, ernannt worden sei. Ich warnte, daß das Problem darin bestünde, einem weiteren Stellvertreter den Weg zu eröffnen. Don Aloisio teilte mir mit, daß diese Gefahr nicht bestünde, da es sicher sei, daß alle delegierten Bischöfe nach Puebla kommen würden. Natürlich bin ich nicht sehr ruhig geblieben. Auch wurde damals, kurz gesagt, aufgrund des Druckes anderer... der Pater Arrupe eingeladen. Das hinterläßt mehr als nur einen Zweifel.

Hoffentlich schreibst Du mir. Wir arbeiten gut und sehr einträchtig zusammen mit dem Kardinal Aponte. Mit Gottes Hilfe werden sich die Dinge positiv entwickeln. Jedenfalls wenn sie mich erschießen, während Du Platten von Augustin Lara hörst und Gedichte von Pablo Neruda liest, solltest Du nicht unterlassen, mir eine Grabinschrift zu entwerfen. Ich schlage Dir ganz einfach diese Sätze vor: Er kämpfte und er fiel.

Eine herzliche brüderliche Umarmung

Dein A. L. T.«[36]

Am Tage, nachdem dieser Brief in der mexikanischen Zeitung »Uno mas uno« veröffentlicht wurde, wurde eine von verschiedenen Gruppen unterzeichnete Erklärung abgegeben:

»Der Brief von Lopez Trujillo an den brasilianischen Bischof Luciano Duarte, der während der in Puebla versammelten lateinamerikanischen Bischofskonferenz in Puebla publiziert wurde, hat bestätigt, was viele Personen und Gruppen des ganzen Kontinents seit vielen Jahren anklagen.

In ihm wird deutlich belegt, daß:

sein Einsatz für die Konferenz von Puebla darauf ausgerichtet war, daß die durch die Konferenz von Medellin angeregte Dynamik negiert werden solle,

er die Ernennung von Bischöfen und Eingeladenen zur Konferenz manipulierte, um seine konservative Linie durchzusetzen,

er eine kämpferische Kampagne gegen die Theologie der Befreiung und gegen alle Personen und Institutionen führt, die sie vertreten und vorantreiben,

er über Mechanismen verfügt, um die nächste Versammlung des lateinamerikanischen Bischofsrates (CELAM) zu bestimmen, in der die neuen Vertreter gewählt werden,

er persönliche Prestige-Interessen besitzt und Methoden anwendet, die der Haltung widersprechen, die ein Bischof haben sollte.

Daher fordern wir, die engagierten christlichen Gruppen in Kolumbien:

die sofortige Entlassung von Lopez Trujillo aus seinem Amt als Sekretär der Konferenz in Puebla und der CELAM,

seinen Rücktritt als Hilfsbischof (arzobispo coadjutor) mit dem Nachfolgerecht in Medellin. Wir sind sicher, daß seine Wahl durch dieselben Mechanismen zustande kam, die in seinem Brief zum Ausdruck kommen, um so mehr, als der Kardinal Baggio, sein Freund, die Kontrolle über die Ernennung aller Bischöfe auf der ganzen Welt, innehat.

Wir meinen, daß diese Manipulation von Lopez Trujillo die Vorbereitung und den Ablauf der Konferenz von Puebla negativ beeinflußt hat. Daher bitten wir die Herren Bischöfe, daß sie dieser Manipulation ein Ende setzen, um eine reale und effektive Teilnahme des gesamten Gottesvolkes unseres Kontinents sicherzustellen.

Gruppe SAL (Priester für Lateinamerika)

Gruppe ORAL (Organisation der Nonnen für Lateinamerika)

Gruppen von Christen für die Befreiung.«[37]

Auch die Vorbereitungsdokumente[38] der Konferenz ließen keine Hoffnung aufkommen. Vor allem das »Documento de Consulta« war ganz von einer deduktiven Methode her geprägt und wäre einer völligen Absage an die Theologie der Befreiung gleichgekommen. Gegen diese Dokumente erhob sich aber in Lateinamerika und in Europa ein Sturm der Entrüstung. Als Beispiele seien genannt[39] der »Brief von christlichen Bauern und Landarbeitern Guatemalas an die Bischöfe«, der »Offene Brief des gefangenen argentinischen Volkes an seine Hirten, die zur lateinamerikanischen Bischofskonferenz in Mexiko versammelt sind«, die Stellungnahme der theologisch-pastoralen Kommission der Bischöfe der Nord-Ost-Region Brasiliens, die »Erklärung der Gruppe SAL (Priester für Lateinamerika) von Kolumbien an Papst Johannes Paul II. und an die in Puebla versammelten Bischöfe« sowie eine Stellungnahme europäischer Theologen zu Puebla.

An der Konferenz selbst nahmen 370 Personen teil, darunter 21 Kardinäle und 197 Bischöfe. Von diesen waren rund 170 gewählte und rund 200 berufene, d. h. faktisch von Generalsekretär Trujillo ernannte Mitglieder. Abstimmungsberechtigt waren nur die Bischöfe. »Le Monde« teilte die Teilnehmer in folgende Kategorien ein: 15 % Integralisten, 25 % juridisch Orientierte, 45 % pastoral Orientierte und 15 % prophetisch Orientierte[40].

Die Haltung des Papstes war ambivalent. Seine Eröffnungsrede ging völlig deduktiv und doktrinär vor und vernachlässigte faktisch sowohl die gesamtgesellschaftliche wie die kirchliche Situation in Lateinamerika. Es wurde berichtet, daß der Papst den Text dieser Rede, so wie er für seinen Vorvorgänger schon erarbeitet worden war, fast unverändert übernommen habe. Bedauerlicherweise hat der Papst auch überhaupt nicht an den eigentlichen Beratungen teilgenommen, obwohl es doch naheliegen würde, daß der Bischof von Rom zuerst einmal zuhört, wenn seine Kollegen von ihren Problemen sprechen, bevor er selbst Stellung nimmt. So wurde vor allem der Text seiner Eröffnungsrede von der konservativen Seite, aber auch von seiten der totalitären Regime sehr positiv aufgenommen. Auf der anderen Seite zeigte es sich aber, daß der Papst dort, wo er mit der Not der Menschen unmittelbar konfrontiert wurde, sehr entschieden reagierte. So heißt es z. B. in seiner Ansprache vor den Indios in Oaxaca: »Das unterdrückte Landvolk, der Arbeiter, der mit seinem Schweiß auch seine Verzweiflung tränkt, kann nicht mehr als hoffen, daß seine Würde, die der der Menschen anderer Gesellschaftsschichten in nichts nachsteht, voll und nachhaltig anerkannt werde. Er hat Recht auf Achtung, er hat das Recht, nicht – mit manchmal wahrhaft erniedrigenden Methoden – um seinen geringen Besitz gebracht zu werden, hat das Recht, frei nach einem selbstbewirkten Aufstieg zu streben. Er hat ein Recht auf den Abbruch aller Barrieren der Ausbeutung, die oft ein unannehmbarer Egoismus gegen jene errichtet, die ihre besten Kräfte dem Aufstieg opfern. Er hat ein Recht auf wirksame Hilfe, die weder ein Almosen noch der Brotkrumen der Gerechtigkeit ist, sondern ihm vielmehr den Zutritt zu einer Entwicklung ermöglicht, wie er sie aufgrund seiner Würde als Mensch und Kind Gottes verdient. Zugunsten dieser benachteiligten Menschen müssen rasche und nachhaltige Maßnahmen ergriffen werden. Kühne, umwälzende Neuerungen müssen durchgeführt, dringende Reformen unverzüglich in Angriff genommen werden.«[41]

Obwohl also die Vorzeichen für die Theologie der Befreiung schlecht standen, ist Hildegard Lüning zuzustimmen, wenn sie schreibt: »In den Dokumenten von Puebla ist nun eine Darstellung von ›Gottes befreiender Gegenwart in der Geschichte seines Volkes‹, die keine Zweifel zuläßt, daß die Kirche Gottes Willen erfüllt, wenn sie mit den Armen aufsteht und um deren Befreiung kämpft. Die lateinamerikanische Kirchenführung hat sich alle wesentlichen Aussagen der Theologie der Befreiung zueigen gemacht. Nach Puebla ist die Glaubenslehre nur dann eine christliche Botschaft, wenn sie Menschen befähigt, zu erkennen, was sie an einem Leben in Brüderlichkeit, Gerechtigkeit und Liebe hindert, und wenn sie anstrebt, diese Hindernisse zu überwinden.»[42]

Wie konnte dieses Ergebnis erzielt werden? Zum einen war dies sicher dem Protest gegen die Vorbereitungsdokumente zu verdanken. Zum anderen konnte verhindert werden, daß die Redaktionsgruppe für das Schlußdokument von der Konferenzleitung bestimmt wurde. Ferner konnten die Teilnehmer einen maßgeblichen Einfluß auf die Bestimmung der Themen gewinnen. Und schließlich arbeitete eine Gruppe von ca. 30 Befreiungstheologen zwar »extra muros«, d.h. außerhalb der Mauer des Seminars, in dem die Konferenz tagte, faktisch aber sehr wirksam an dem Zustandekommen der Beschlüsse mit. Dies ist bei der Lektüre der Beschlüsse nicht zu übersehen.

Leonardo Boff hat über das Verhältnis zwischen Medellin und Puebla folgendes zutreffende Urteil gefällt: »Wenn Medellin die Taufe der lateinamerikanischen Kirche war, dann stellt Puebla die Firmung dar.«[43] Wenn man davon ausgeht, daß das Spezifikum des Sakramentes der Firmung darin besteht, das Sakrament der Taufe zu bekräftigen und zu bestärken, dann bedeutet dies in Analogie dazu, daß die Beschlüsse der lateinamerikanischen Bischofskonferenz von Puebla eine Bekräftigung und Bestärkung, in etlichen Punkten sicher auch eine Weiterführung und Vertiefung der Beschlüsse von Medellin darstellen. Die Konferenz von Puebla hat sich selbst ganz bewußt als eine Fortführung von Medellin verstanden: »So liegen wir auf der Linie von Medellin, dessen Einschätzung wir uns zueigen machen und das so viele unserer pastoralen Verlautbarungen in diesen zehn Jahren inspirierte.«[44]

Hildegard Lüning hat sicher recht, wenn sie schreibt: »Der eigentliche Wert der Dokumente von Puebla liegt in der Selbstverpflichtung der lateinamerikanischen Kirche zur ›evangelizacion liberadora‹. Dies ist ein Schlüsselwort für alles, was die Bischofskonferenz in Puebla beschlossen hat.«[45] Die ganze Tragweite dessen, was mit diesem Begriff der befreienden Evangelisierung gemeint ist, verstehen wir um so besser, wenn wir daran erinnern, was in dem Dokument von Medellin unter Evangelisierung verstanden wurde. Im Aufbau des Dokumentes, aber auch der Sache nach, wurde damals in Medellin deutlich unterschieden zwischen dem »Gebiet der

Entwicklung des Menschen und der Völker im Bezug auf die Werte der Gerechtigkeit, des Friedens, der Erziehung in der Familie« und der »Notwendigkeit einer angepaßten Evangelisierung und Reifung im Glauben der Völker und ihrer Führungsschichten durch die Katechese und Liturgie«[46]. In dem Dokument von Puebla dagegen werden diese beiden Aspekte in einem gesehen, ohne sie einfachhin zu identifizieren. Unter der Überschrift »Das Spezifische der Befreiung in Christus« heißt es in dem Dokument von Puebla u. a.: »Zwei Elemente ergänzen sich und können nicht voneinander getrennt werden. Einmal geht es um die Befreiung von allen Formen der Knechtschaft, von persönlicher und gesellschaftlicher Sünde, d. h.: von allem, was Mensch und Gesellschaft zerreißt und seinen Ursprung im Egoismus, im Geheimnis des Bösen hat. Ebenso wichtig ist aber auch die Befreiung für das fortschreitende Wachstum im Sein, will sagen: für die Gemeinschaft mit Gott und den Menschen, wobei diese in der vollkommenen Gemeinschaft des Himmels gipfelt, in dem Gott alles in allem ist und es keine Tränen mehr geben wird.«[47]

An dieser zentralen Stelle wird noch einmal deutlich, wie Puebla einerseits die wichtigen Aussagen von Medellin bekräftigt, sie andererseits aber vertieft und unmißverständlich auch zum Ausdruck bringt.

Das Dokument von Puebla gliedert sich folgendermaßen. Vorangestellt wird eine »Botschaft an die Völker Lateinamerikas«. Sodann werden folgende Themen behandelt:

1. Teil: Die lateinamerikanische Wirklichkeit aus pastoraler Sicht

2. Teil: Was Gott mit Lateinamerika vorhat

3. Teil: Evangelisierung in der Kirche Lateinamerikas: Gemeinschaft und aktive Teilhabe

4. Teil: Eine missionarische Kirche im Dienst der Evangelisierung Lateinamerikas

5. Teil: Unter dem dynamischen Einfluß des Geistes: Pastorale Entscheidungen.

Im folgenden sollen einige wichtige Aussagen des Dokumentes von Puebla behandelt werden.

4.3.1 Verurteilung des kapitalistischen Systems

Zunächst einmal wird in dem Dokument festgestellt, daß der Abstand zwischen den vielen, die wenig haben, und den wenigen, die viel haben, immer größer wird. »Im Lichte des Glaubens betrachten wir den wachsenden Abstand zwischen Reichen und Armen als einen Skandal und Widerspruch zum Christsein. Der Luxus weniger wird zum Hohn auf das Elend breiter Volksmassen. Dies ist ein Widerspruch zum Plan des Schöpfers und zur Ehre, die ihm gebührt. In dieser Angst und in diesem Schmerz erblickt die Kirche eine Situation gesellschaftlicher Sünde, die um so schwerwiegender ist, als sie in Ländern besteht, die sich katholisch nennen und durchaus imstande sind, die Dinge zu verändern.«[48]

An einer anderen Stelle heißt es noch schärfer: »Die Wirklichkeit Lateinamerikas läßt uns bitter, ja bis an die äußersten Grenzen die Gewalt der Sünde als des flagranten Widerspruchs gegen den Plan Gottes spüren.«[49]

Aber ebenso deutlich wird gesehen, daß diese kollektive Armut das Produkt von wirtschaftlichen, gesellschaftlichen und politischen Strukturen sei. »Die freie Marktwirtschaft, die als System auf unserem Erdteil gilt und durch liberale Ideologien gerechtfertigt wird, hat den Abstand zwischen arm und reich noch weiter vergrößert. Bei ihr kommt zuerst das Kapital, dann die Arbeit, erst die Wirtschaft, dann das Soziale. Nationale Minderheiten, die bisweilen im Verbund stehen mit fremden Interessenträgern, haben die Gelegenheiten genutzt, die ihnen derlei primitive Formen des freien Marktes bieten, um zu ihrem Vorteil, aber auf Kosten der Mehrheit des unterprivilegierten Volkes, vorwärts zu kommen.«[50]

»Viele haben Angst vor dem Marxismus und scheuen sich deshalb, gegen die unterdrückerische Realität des liberalen Kapitalismus anzugehen. So kann man sagen, daß man in Anbetracht der Gefahr seitens eines Systems, das eindeutig von der Sünde geprägt ist, es vergißt, die Realität eines anderen Systems der Sünde anzuklagen und zu bekämpfen.«[51] In diesem Zusammenhang werden die multinationalen Konzerne scharf kritisiert, welche mitschuldig sind an der wirtschaftlichen, technologischen, politischen und kulturellen Abhängigkeit des lateinamerikanischen Kontinents. Es wird auf die Tatsache hingewiesen, daß die Rohstoffe, welche Lateinamerika exportiert, ständig an Wert verlieren im Vergleich mit den importierten Fertigprodukten aus der ersten Welt.

Im Hinblick auf die Güter der Erde wird folgendes festgestellt: »Da der Schöpfer es wollte, sind die Güter und Reichtümer der Welt ihrem Ursprung und ihrer Natur nach dazu bestimmt, dem Nutzen und dem Vorteil aller und jedes einzelnen der Menschen und Völker zu dienen. Deshalb kommt allen und jedem einzelnen ein primäres, grundlegendes und absolut unverletzbares Recht zu, solidarisch diese Güter zu nutzen, und zwar in dem Maße, wie die würdige Verwirklichung der menschlichen Person es erfordert. Alle weiteren Rechte, auch das auf Eigentum und freien Handel, sind ihm untergeordnet. So lehrt uns Johannes Paul II.: ›Auf allem Privateigentum lastet eine gesellschaftliche Hypothek.‹ Das Eigentum, das in Übereinstimmung steht mit jenem primären Recht, beinhaltet in erster Linie die Befugnis, es zu verwalten. Obwohl es nicht das Recht auf Besitz ausschließt, ist das Recht auf Privateigentum doch nicht absolut und uneingeschränkt. Immer muß es eine Quelle der Freiheit für alle sein, niemals darf es Anlaß zu Herrschaft oder Privilegien werden. Allen obliegt die schwerwiegende und dringende Verpflichtung, es seinem primären Zweck wieder zuzuführen.«[52]

4.3.2 Verurteilung der Ideologie der »Nationalen Sicherheit«

In den totalitären Staaten Lateinamerikas wird in den letzten Jahren eine Ideologie der »Nationalen Sicherheit« entwickelt, welche angeblich die Nation vor inneren und äußeren Gefahren, vor allem denen des Kommunismus, schützen soll, die aber in Wirklichkeit einzig und allein den Interessen der privilegierten Schichten dient. Oft wird jeder, der für soziale Gerechtigkeit eintritt, als Kommunist bezeichnet und verfolgt.

Die lateinamerikanische Bischofskonferenz von Puebla verurteilt diese Ideologie. Das Dokument weist mit Recht darauf hin, daß der einzelne Mensch den Interessen des Staates völlig untergeordnet wird, daß er nur als Faktor gesehen wird in einem totalen Krieg gegen alle Kräfte, die sich um mehr Gerechtigkeit mühen. Die Folge ist die Einschränkung der persönlichen Freiheit. Der Wille des Staates wird als Wille der Nation ausgegeben. Die Befriedigung der Grundbedürfnisse der Menschen wird der militärischen Aufrüstung geopfert. »Im Namen der nationalen Sicherheit wird für die einzelnen die Unsicherheit institutionalisiert.«[53] Die Folgen sind Folter, Gewaltanwendung und Mord.

4.3.3 Würde des Menschen

Entschiedener und häufiger als in dem Dokument von Medellin wird in den Beschlüssen von Puebla auf die unverzichtbare Würde des Menschen und auf die sich daraus ergebenden Menschenrechte hingewiesen. Dies ist einerseits auf die zunehmenden Zahlen von gravierenden Menschenrechtsverletzungen zurückzuführen; andererseits aber spiegelt sich darin auch ein zunehmendes Bewußtwerden der Forderung nach der Verwirklichung von Menschenrechten in Lateinamerika. Mir ist kein anderes offizielles Dokument im Raume der katholischen Kirche bekannt, das sich so nachdrücklich für die neuzeitliche Forderung nach Achtung der Würde des Menschen und seiner Rechte eingesetzt hat. Der leitende Gedanke dabei ist, daß eine Verletzung der Würde und Rechte des Menschen, der ein Ebenbild Gottes ist, eine Blasphemie, eine Herausforderung Gottes darstellt. So heißt es in der »Botschaft an die Völker Lateinamerikas«: »Aus ganz offenkundigen Gründen fordert der Mensch, daß es keine physische und moralische Gewaltanwendung, keinen Mißbrauch von Macht, keine Manipulation des Geldes, keinen Mißbrauch des Geschlechtlichen, mit einem Wort: keine Verletzung der göttlichen Gebote mehr gibt. Denn alles, was die Würde des Menschen angreift, verletzt auch irgendwie Gott selbst.«[54]

Dabei ist sich die Bischofskonferenz durchaus bewußt, daß sie auf der Grundlage der biblischen Botschaft einen wichtigen Beitrag zu leisten hat zur Begründung dieser Würde des Menschen. »Die Kirche hat das Recht und die Pflicht, allen Völkern das christliche Menschenbild zu verkünden, denn sie weiß, daß sie es zum Verständnis ihrer eigenen Identität und zur Erhellung des Lebenssinnes notwendig haben. Darüber hinaus predigt die Kirche ja auch, daß jede Beeinträchtigung der Menschenwürde zugleich auch ein Angriff auf Gott selbst ist, dessen Bild der Mensch ja darstellt. Daraus ergibt sich, daß die Evangelisierung in Gegenwart und Zukunft Lateinamerikas seitens der Kirche ein deutliches Wort zur Würde des Menschen verlangt.«[55]

4.3.4 Ganzheitliche Befreiung

Es wurde schon darauf hingewiesen, wie sehr Begriff und Sache der befreienden Evangelisierung im Zentrum der Beschlüsse von Puebla stehen. Damit hat sich die lateinamerikanische Bischofskonferenz – allen Verdächtigungen und Kampagnen zum Trotz – die Hauptsache der Theologie der Befreiung zu eigen gemacht, aufs Ganze gesehen, deutlicher, durchgängiger und unmißverständlicher als in Medellin. An dieser, auch in lehramtlicher Hinsicht bedeutsamen Tatsache wird niemand in der katholischen Kirche mehr vorbeigehen können. Gerade auch unter diesem Aspekt erhalten die Beschlüsse von Puebla eine weit über Lateinamerika hinausgehende und die ganze Weltkirche betreffende Bedeutung.

In eindrucksvoller Weise stellt die Bischofskonferenz zunächst fest: »Aus der Tiefe der Länder, die zusammen Lateinamerika ausmachen, steigt wie aus einem Tumult ein stets beeindruckender Schrei zum Himmel empor. Es ist dies der Schrei eines Volkes, das leidet und nach Gerechtigkeit, Freiheit und Achtung vor den Grundrechten von Menschen und Völkern verlangt... Die Situation der Ungerechtigkeit, so wie wir sie zuvor beschrieben haben, vergegenwärtigt uns die große Herausforderung, die sich unserer Pastoral stellt, wenn wir dem Menschen helfen wollen, aus einer weniger menschlichen in eine menschlichere Situation zu gelangen. Die tiefen gesellschaftlichen Gegensätze, die extreme Armut und die Verletzung der Menschenrechte, die es vielerorts gibt, sind Herausforderungen an die Evangelisierung. Unsere Sendung, den Menschen zu Gott zu führen, beinhaltet auch, daß wir hier eine brüderliche Gesellschaft zu errichten haben.«[56]

Weiter oben haben wir schon die Nummer 482 des Dokumentes zitiert, wo die beiden zusammengehörenden inhaltlichen Elemente dieser ganzheitlichen Befreiung beschrieben werden: die Befreiung von allen Formen der Knechtschaft und die Befreiung für die Gemeinschaft mit Gott und den Menschen. Das wird auch an folgender Stelle zum Ausdruck gebracht: »Unser Volk erstrebt eine ganzheitliche Befreiung, die sich jedoch nicht im Rahmen seines zeitlichen Daseins erschöpft, sondern sich auch auf die volle Gemeinschaft mit Gott und seinen Brüdern und Schwestern in der Ewigkeit erstreckt, wobei freilich diese Ewigkeit, wenn auch auf unvollkommene Weise, schon in der Geschichte beginnt.«[57]

4.3.5 Bedingungslose Entscheidung für die Armen

Wir haben bereits gesehen, welch entscheidenden Platz die Wirklichkeit der Armut und ihre theologische Interpretation sowohl im Rahmen der Theologie der Befreiung wie auch in den Beschlüssen von Medellin eingenommen hat. In dem Dokument von Puebla wird diese »bedingungslose Entscheidung für die Armen« – so der Titel eines Kapitels – noch klarer und leidenschaftlicher formuliert. Das nimmt vor allem dann nicht wunder, wenn die Vermutung zutrifft, daß Gustavo Gutierrez der eigentliche Autor dieses Kapitels war. Es heißt dort: »Die dritte lateinamerikanische Bischofskonferenz macht sich mit erneuerter Hoffnung auf die lebenspendende Kraft des Geistes die Haltung des Treffens von Medellin zu eigen, auf dem sich die Bischöfe bedingungslos solidarisch für die Armen entschieden hatten. Freilich kam es zwischenzeitlich zu einigen Entstellungen und Mißdeutungen, die den Geist von Medellin beeinträchtigen, während andere Medellin erst gar nicht zur Kenntnis nahmen oder sogar bekämpften. Auch zehn Jahre nach der zweiten lateinamerikanischen Bischofsversammlung lebt die überwältigende Mehrheit unserer Brüder und Schwestern weiterhin in einer Situation der Armut, ja sogar des Elends, die sich noch verschärft hat. Diese Menschen müssen die elementarsten materiellen Güter entbehren, und zwar im Kontrast zu einer Minderheit, die häufig auf Kosten der vielen Armen den Reichtum zusammenrafft. Allerdings mangelt es diesen Armen nicht nur an materiellen Gütern, sondern sie haben auch kaum eine Möglichkeit der vollen Mitwirkung im

Gesellschaftsleben und in der Politik, was doch zur menschlichen Würde dazugehört. Unter diesen Bedingungen leben vor allem unsere Indianer, Landarbeiter und Kleinbauern, Industriearbeiter, städtische Randgruppen und insbesondere die Frauen dieser gesellschaftlichen Bereiche, weil sie doppelt unterdrückt und an den Rand geschoben sind.«[58]

4.3.6 Anerkennung der Basisgemeinden

Die Basisgemeinden sind für die katholische Kirche in Lateinamerika zu einer entscheidenden Wirklichkeit geworden. Es ist sehr schwierig festzustellen, wie viele solcher Gemeinden existieren und wie viele Menschen ihnen angehören. Doch werden Schätzungen, nach denen anderthalb Millionen Christen sich ihnen zugehörig fühlen, nicht übertrieben sein[59]. In einem Interview hat Kardinal Arns betont, daß, wenn man in Puebla gegen die Basisgemeinden gestimmt hätte, man die Wurzel des Baumes ausgerissen hätte. »Die Wurzel der Kirche ist wirklich das Volk, wie es sich organisiert als Volk Gottes, wie es dann die einzelnen Dienste selbst ›ausarbeitet‹ und ausfüllt und wie es neue Kräfte für die Verkündigungsarbeit erweckt. Es wäre unmöglich gewesen, hätten wir in dieser Konferenz die Basisgemeinschaften nicht akzeptiert.«[60]

Die Bischofskonferenz von Puebla hat die Basisgemeinde ausdrücklich anerkannt. In der »Botschaft an die Völker Lateinamerikas« ist davon die Rede, daß sie unter der Leitung des Heiligen Geistes entstanden sind. Für die Kirche sind sie »ein Grund zur Freude und Hoffnung«[61]. »Die kirchlichen Basisgemeinschaften sind der Ausdruck der bevorzugten Liebe der Kirche für das einfache Volk.«[62] »Wir Bischöfe sind entschlossen, in Übereinstimmung mit dem Geist von Medellin und den Anhaltspunkten des apostolischen Schreibens ›Evangelii nuntiandi‹ die kirchlichen Basisgemeinschaften zu fördern, zu orientieren und zu begleiten und uns um die Entwicklung und schrittweise Ausbildung von Verantwortlichen für sie zu bemühen.«[63]

4.4 Ausblick

4.4.1 Neue Identität der lateinamerikanischen Kirche

Unter dem starken Einfluß der Theologie der Befreiung hat die lateinamerikanische Kirche in den letzten 15 Jahren zu einer neuen Identität gefunden. »Die Kirche in Lateinamerika erlangte zum erstenmal in ihrer Geschichte ein kollektives Bewußtsein einer lokalen lateinamerikanischen Kirche.«[64] Die lateinamerikanische Kirche ist mündig geworden. Das kommt auch deutlich in den Dokumenten von Medellin und Puebla zum Ausdruck. Ja, man bemerkt so etwas wie einen Stolz auf die eigene Kirche. So heißt es in der »Botschaft an die Völker Lateinamerikas«: Gott »hat trotz unserer Pflichtverletzung mit seinem Volk einen unverbrüchlichen Bund geschlossen. Es ist ein bewegendes Gefühl, zu beobachten, welch ein überschäumender geistlicher Reichtum an Glaube, Hoffnung und Liebe in der Seele des Volkes lebt. In diesem Sinn ist Lateinamerika ein Vorbild für die anderen Erdteile und wird morgen womöglich seine erhabene Missionsaufgabe über seine Grenze hinaus ausdehnen können. Deshalb sagen wir: ›Sursum corda – Empor die Herzen!‹, liebe Schwestern und Brüder in Lateinamerika.«[65]

Man kann sich die Frage stellen, ob dieser Stolz auf die eigene Geschichte, der Stolz auf die eigene Identität und die manchmal allzu schnelle Identifizierung des Verlaufs der lateinamerikanischen Geschichte mit dem Wirken Gottes nicht etwas zu triumphalistisch und mißverständlich formuliert wurde. Es ist schon problematisch, wenn in dem Dokument von Puebla der ganze zweite Teil überschrieben ist »Was Gott mit Lateinamerika vorhat«, so, als könnte irgend jemand dies schon ganz genau wissen. Andererseits ist dieser Stolz auch wieder verständlich nach einer so leidvollen Geschichte der Abhängigkeit gerade auch der Kirche in Lateinamerika. Und dieses Selbstbewußtsein bildet wohl auch den Grund für die Redlichkeit, mit der die Kirche in Lateinamerika ihre Schuld bekennt und die Menschen um Verzeihung bittet. Eine patriarchalische Kirche kann vor ihren Kindern keine Schuld eingestehen, weil patriarchalische Väter über jede Schuld erhaben sind. Eine brüderliche Kirche weiß sehr wohl um ihre Schuld. Sie ist sich bewußt, daß Metanoia die Voraussetzung für eine Reform der Kirche ist.

So heißt es in der »Botschaft an die Völker Lateinamerikas«: »Als Christen leben wir das Christentum, dessen unaufgebbares Merkmal die Liebe ist, nicht immer in seiner Ganzheit. Zwar gibt es viel verborgenes Heldentum, große Heiligkeit im stillen und viele wunderbare Opfergesten. Aber dennoch müssen wir bekennen, daß wir noch weit davon entfernt sind, alles das auch tatsächlich zu leben, was wir predigen. Für alle unsere Schwächen und Fehler bitten wir – auch wir Bischöfe – Gott und unsere Brüder und Schwestern im Glauben und im Menschsein um Vergebung. Unser Bestreben geht dahin, nicht nur die anderen, sondern zusammen mit den anderen auch uns selbst zu bekehren, so daß unsere Diözesen, Pfarreien, Institutionen, Gemeinschaften und Ordenskongregationen nicht nur kein Hindernis, sondern im Gegenteil ein Anreiz dazu werden, das Evangelium zu leben.«[66]

4.4.2 Polarisierung der Kirche

Sollte bisher der Eindruck entstanden sein, als würde die katholische Kirche in Lateinamerika sich einmütig vom Geiste der Theologie der Befreiung tragen lassen und als gebe es heute und in Zukunft keine innerkirchlichen Probleme und Konflikte mehr, dann muß ein solches Bild hier entscheidend korrigiert werden. Es gibt in Lateinamerika nach wie vor fast so etwas wie zwei verschiedene Gestalten von Kirchen. Die eine Verwirklichung von Kirche ist die, welche von der Theologie der Befreiung geprägt ist, wie wir sie hier zu beschreiben versucht haben, und die ihren Niederschlag in den Dokumenten von Medellin und Puebla gefunden hat. Aber die andere, traditionell geprägte Kirche ist nach wie vor vorhanden und einflußreich. Sie ist vor allem aus auf die Spendung von Sakramenten, ohne große Aufmerksamkeit darauf zu verwenden, ob die Spendung der Sakramente auch von einem personalen Glaubensvollzug mitgetragen wird. Sie ist engagiert in einem vehementen Antikommunismus und profitiert nach wie vor von ihrer Verbindung zu den etablierten politischen und ökonomischen Kräften und von den traditionellen Privilegien der Kirche.[67]

Die Spannungen zwischen diesen beiden Kräften in der Kirche sind außerordentlich stark. Wir haben bereits gesehen, wie sie die Vorbereitungen für die Bischofskonferenz von Puebla belastet haben. Diese Spannungen kamen natürlich auch während der Konferenz von Puebla zum Ausdruck und haben in dem Dokument ihren Niederschlag gefunden. So heißt es z.B. an einer Stelle: »Diese gesellschaftliche Lage brachte auch Spannungen in der Kirche selbst mit sich. Sie werden verursacht entweder von Gruppen, die mit allem Nachdruck ›das Geistige‹ der kirchlichen Sendung hervorheben und ihre Bedenken haben bei den Arbeiten für gesellschaftliche und ganzheitliche Förderung der Menschen, oder von Kreisen, die die Sendung der Kirche in eine Arbeit bloßer menschlicher Förderung verkehren wollen.«[68]

Die Polarisierung der Kirche kam auch deutlich zum Ausdruck bei den Wahlen für das Präsidium des lateinamerikanischen Bischofsrates (CELAM), die erst nach Puebla stattfanden. Erst nach mehreren ausgesprochenen Kampfabstimmungen wurde – wohl auch auf massiven Druck der Römischen Kurie – ganz knapp die benötigte qualifizierte Mehrheit der Stimmen für Bischof Trujillo erreicht. Damit besteht aber eine intensive Spannung zwischen der Richtung, in welche die mutigen Beschlüsse von Puebla weisen, und der Richtung, die von dem neuen Präsidenten von CELAM vertreten werden wird. Es ist zu vermuten, daß mit dieser personellen Entscheidung die faktische Bedeutung von CELAM für die Weiterentwicklung der lateinamerikanischen Kirche abnehmen wird. Allerdings wäre es außerordentlich verhängnisvoll, wenn die Römische Kurie versuchen wollte, die von der lateinamerikanischen Bischofskonferenz in Puebla eingeschlagene Richtung dadurch zu korrigieren, daß man bei Neuernennungen von Bischöfen den traditionell ausgerichteten Flügel stärkt. Das Beispiel der Kirche in den Niederlanden zeigt, wie verheerend es sich für die Kirche auswirkt, wenn man meint, auf dem Wege über Bischofsernennungen Konflikte in der Kirche aufarbeiten zu können.

5. Die Theologie der Befreiung als Herausforderung für die Kirchen in der ersten Welt

Bereits im bisherigen Verlauf unserer Darlegungen wird hoffentlich klargeworden sein, daß die Theologie der Befreiung nicht nur eine Angelegenheit der dritten Welt ist, sondern daß die Probleme, die von der Theologie der Befreiung reflektiert werden, schwerwiegende Fragen an Theorie und Praxis der Kirchen in der ersten Welt stellen. Wenn es so etwas wie eine correctio fraterna, eine brüderliche Zurechtweisung unter Christen geben soll, dann kann dies nicht nur im Verhältnis vom einen zum anderen verwirklicht werden. Wenn die einzelnen nationalen und kontinentalen Kirchen wirklich in communio, in geistig-geistlicher Verbindung untereinander, stehen, dann muß diese Verbindung auch darin ihren Ausdruck finden, daß man sich über das Leben in den anderen Kirchen informiert und sich durch die in den anderen Kirchen gewonnenen Erkenntnisse und Erfahrungen selbst infrage stellen läßt. In diesem Sinne sind die folgenden Punkte als Herausforderungen für die Kirchen in der ersten Welt, vor allem für die Kirchen in der Bundesrepublik Deutschland, zu verstehen.

5.1 Verwirklichung von Gemeinden

Wir haben gesehen, welch enger Zusammenhang zwischen der Theologie der Befreiung und den Basisgemeinden besteht, wie weit sie sich gegenseitig inspirieren und auch kritisch in Frage stellen. Wir haben auch feststellen können, welch große Bedeutung die beiden Bischofskonferenzen von Medellin und Puebla diesen Basisgemeinden zumessen.

Auch für die Kirchen in der ersten Welt ist die Existenz von lebendigen Gemeinden von entscheidender Bedeutung. Was aber verstehen wir hier genauer unter Gemeinde?

Zunächst einmal ist davon auszugehen, daß Gemeinde nicht einfachhin mit Pfarrei identisch ist. Die Pfarrei war Jahrhunderte hindurch eine fast genial zu nennende fundamentale Organisationsform der Kirche, die es ihr erlaubt hat, den Menschen zumindest theoretisch, aber auch weithin faktisch nahe zu sein. Die Pfarrei war kongenial mit einer stabilen Gesellschaft. Dabei wird unter Pfarrei vor allem »ein passiver kirchlicher Lastenverband und Kompetenzbezirk des Pfarrers« verstanden[1], in dem die Laien betreut werden und so gut wie keine Rechte haben.

In unserer mobilen, urbanisierten, durch einen fundamentalen Demokratisierungsprozeß charakterisierten Gesellschaft ist die Pfarrei weithin anachronistisch geworden. Aus unseren Pfarreien müssen deshalb Gemeinden werden, »wo die Laien 1. zu einem dauernden Gemeinschaftshandeln vergesellschaftet sind, auf dessen Ablauf sie 2. irgendwie auch aktiv einwirken«.[2] Eine kirchliche Gemeinde kann man so definieren: Sie bildet eine Gruppe von Menschen, die an Jesus Christus glauben und versuchen, ihr individuelles und gemeindliches Leben an der Botschaft des Neuen Testamentes auszurichten. Die Gemeindemitglieder sind in der Gemeinde in ein Geflecht von sozialen Beziehungen hineingebunden und übernehmen bestimmte Funktionen in der Gemeinde. Den Mittelpunkt des Gemeindelebens bildet die Gemeindeversammlung, besonders der eucharistische Gottesdienst. Die Gemeinde stellt aber kein Getto dar, sie versteht sich als integrierender Teil der Gesamtkirche und weiß sich dem Dienst an der Gesellschaft verpflichtet.[3]

Solche Gemeinden bilden sich an der Basis der Kirche, und sie bilden die Basis der Kirche. Das will einerseits besagen, daß diese Gemeinden eine unmittelbare Verbindung haben zu »Freude und Hoffnung, Trauer und Angst der Menschen von heute, besonders der Armen und Bedrängten aller Art«.[4] Im Leben dieser Gemeinden, in ihren Versammlungen und Feiern, in ihren Gottesdiensten und Diskussionen wird sich die Leidensgeschichte der Mitglieder dieser Gemeinde und der Gesellschaft, in der sie leben, artikulieren, aber auch die Liebes-, Glaubens- und Hoffnungsgeschichte der Menschen, ihre glücklichen Erfahrungen, die sie in ihrem Leben machen. Dadurch daß die Mitglieder dieser Gemeinden ihre individuellen und kollektiven Erfahrungen miteinbringen und sie aufgrund ihres Glaubens interpretieren, erhält die Kirche wieder einen neuen Zugang zum Leben der Menschen, wird sie von neuem eine Kirche der Menschen und für die Menschen. Dadurch aber werden diese Gemeinden zur Basis der Kirche selbst. Es wird ihnen nicht die Orthodoxie von außen her vorgesetzt, sondern ihre Orthopraxie, ihre aus dem Glauben heraus motivierte Praxis: die inner- und außerhalb des Gemeindelebens gemachten Erfahrungen und ihre Interpretationen im Lichte der Sache Jesu werden zum Ort, zum Sitz im Leben ihrer Orthodoxie.

Dabei wird klargeworden sein, daß in dieser Sicht der Schwerpunkt des kirchlichen Lebens nicht mehr bei der zentralen kirchlichen Leitung und ihren Amtsstrukturen, sondern beim Leben der einzelnen Gemeinde liegt. In der Gemeinde realisiert sich vor allem Kirche. Alle anderen Strukturen der Kirche haben der Ermöglichung des Lebens in der Gemeinde zu dienen.

Im Entstehen solcher Gemeinden und in der Intensivierung der bestehenden Gemeinden sehe ich die Bedingung der Möglichkeit des Überlebens von Kirche in einer ihrem Selbstverständnis entsprechenden Form. Ich sehe keine andere Möglichkeit, wie christlicher Glaube heute in der Gesellschaft relevant sein und den kommenden Generationen tradiert werden könnte. Eine Kirche, die sich zentralistisch und hierarchisch gibt und krampfhaft an ihren teils gesellschaftlich vorhandenen, teils rechtlich abgesicherten Privilegien und Machtpositionen festhält, wird zu einer Institution werden, deren Hirten niemanden anders als sich selbst weiden. Sie wird teils an den Rand der Gesellschaft gedrängt werden, teils sich freiwillig in ein Getto zurückziehen und von dort aus anderen die Schuld geben an ihrer eigenen Bedeutungslosigkeit.

Im Zentrum dieser hier dargelegten Gedanken steht die empirisch erhärtete Tatsache, daß in unserer heutigen gesellschaftlichen Situation ein Wertsystem, wie es der christliche Glaube darstellt, in der Regel nicht durch einzelne, sondern vor allem durch institutionalisierte Gruppen, sprich Gemeinden, relevant werden kann, daß Lernprozesse sich am effizientesten in Gruppen vollziehen und daß die Sozialisation der kommenden Generation am ehesten in einer Gruppe gelingt.

Solche Gemeinden, von denen hier die Rede ist, muß es in sehr vielgestaltiger Form geben. Sie können nicht-territorialer Art sein, wie z. B. eine Hochschulgemeinde, eine klösterliche Gemeinschaft, eine Gemeinde von sprachlichen Minderheiten usw. Solche Gemeinden können auch entstehen durch eine Substrukturierung von großen städtischen Pfarreien. Sie können sich bilden auf der Ebene der aufgelösten kleinen Pfarreien in ländlichen Gebieten. Sie können als eine Art Kerngemeinde auf der Ebene einer bestehenden Pfarrei sich entfalten. Sie können sich konstituieren als Gemeinden, die sich eher in kritischer Distanz zur Kirchenleitung befinden oder die durch eine bestimmte politische Ausrichtung gekennzeichnet ist.

Dabei ist es nicht so, daß es solche Gemeinden in der Bundesrepublik Deutschland nicht schon gäbe. Viele Pfarreien sind auf dem Wege, Gemeinde zu werden, und etliche Gemeinden haben sich im Rahmen einer Pfarrei oder außerhalb einer Pfarrei schon gebildet. Die Erfahrung, welche die Bewegung der Theologie der Befreiung mit den Basisgemeinden gemacht hat, ruft uns dazu auf, die bestehenden Gemeinden zu intensivieren und neue Gemeinden zu bilden.

5.2 Spiritualität

Das geistliche Leben unserer Gemeinden und – soweit man dies beurteilen kann – der einzelnen Christen ist allzuoft gekennzeichnet durch den Charakter des Besonderen, des Außergewöhnlichen, des Nichtalltäglichen, des vom Leben der Menschen Getrennten. Gerade deshalb wirken die Gebete oft so gekünstelt, die Fürbitten so peinlich, die Texte der Lieder so antiquiert, die Predigten so lebensfremd. Oft ist die Kluft zwischen dem Alltag und seinen Sorgen und Problemen und dem Gottesdienst unüberbrückbar. Und wenn der Versuch eines Brückenschlages unternommen wird, wirkt dies oft gequält und gekünstelt. Diese Sterilität der geistig-geistlichen

Ausdrucksformen veranlaßt viele Menschen, vor allem auch die jüngere und mittlere Generation, aus der Kirche auszuwandern. Sie finden dort ihr Leben nicht wieder, ihre Sache wird nicht zur Sprache gebracht.

Hinzu kommt, daß die Spiritualität der Christen hierzulande oft sehr individualistisch geprägt ist, selbst wenn sie in einer Gemeinde singen oder beten. Der Individualismus der Romantik des 19. Jahrhunderts hat hier seine Spuren hinterlassen. Im Gegensatz zum Geist der traditionellen Liturgie der Kirche steht hier die isolierte Einzelperson im Vordergrund.

Die Gemeinde und die einzelnen Christen können viel lernen von der Spiritualität der Theologie der Befreiung. Ihr ist es weithin gelungen, wie wir sahen, die Praxis des Lebens in das spirituelle Leben zu integrieren und umgekehrt. Die Gebete und Lieder, die im Gottesdienst verwendeten Symbole und Riten, die Ansprachen und geistlichen Diskussionen strotzen sozusagen vor Leben. Das Theologumenon, daß Gott in der Geschichte und damit im Leben der Menschen wirkt, hat hier seine ganz konkreten Auswirkungen: daß nämlich das spirituelle Leben nur das in Wort und Zeichen artikuliert, was sonst im alltäglichen Leben an Heil und Unheil geschieht. Aber auf der anderen Seite ist auch festzustellen, daß mitten in einer politischen Diskussion, mitten in der sozialen Arbeit, z. B. in den Slums, auf einmal blitzartig und intuitiv geistliche Gedanken geäußert werden – wie nebenher, und doch aus einer tiefen Überzeugung und Erfahrung kommend.

Diese Spiritualität der Befreiung ist der Spiritualität sehr ähnlich, wie sie in den missionarischen Bewegungen des französischen Katholizismus nach dem letzten Kriege entstanden ist und wie sie ihren Niederschlag z. B. in der »revision de vie« gefunden hat. Dieser schwer übersetzbare Ausdruck beinhaltet den Sachverhalt, daß Gruppen von Christen zusammenkommen und ihr alltägliches Leben im Lichte der biblischen Botschaft beurteilen und interpretieren.

Eine besondere Bedeutung kommt in diesem Zusammenhang dem Umgang mit der Bibel zu. Wir können sehr viel davon lernen, wie Christen in Lateinamerika es verstehen, biblische Texte in ihrer Bedeutung für ihr Leben und ihre Situationen auszulegen. Wir neigen eher dazu, zuerst einen exegetischen Experten zu befragen. Ohne die Ergebnisse der Exegese zu verschmähen, ist es den Christen in den Basisgemeinden gelungen, ihr eigenes Leben unmittelbar mit den Texten des Alten und Neuen Testamentes zu konfrontieren und so einen an der Praxis orientierten hermeneutischen Zugang zu den Schriften zu finden.

Unsere Gemeinden können viel von dem spirituellen Leben der Basisgemeinden in Südamerika erfahren. Wenn das spirituelle Leben der einzelnen Christen in unserer Gemeinde nicht verkümmern soll, haben wir uns auf den Weg zu begeben, den die Spiritualität der Befreiung eingeschlagen hat: Alltagsleben und spirituelles Leben werden sich gegenseitig durchdringen.

5.3 Gottesdienst

Die Teilnahme am sonntäglichen Gottesdienst ist von 53,6% aller Katholiken in der Bundesrepublik Deutschland (einschließlich West-Berlin) im Jahre 1950 auf 32,7% im Jahre 1975 zurückgegangen.[5] Dieser Rückgang hat sicher viele Gründe. Aber ein Grund ist sicher auch darin zu sehen, daß der Gottesdienst an einem verheerenden Realitätsverlust leidet. Damit ist die Tatsache gemeint, daß unsere Zeitgenossen in Form und Inhalt der Gottesdienste ihre Probleme und Sorgen, ihre Nöte und Freuden, ihre Erfahrungen und Erlebnisse nicht wiederfinden. Sie können ihre Identität in den Gebeten und Liedern, in den Predigten und Symbolen nicht festmachen und artikulieren. Diese Aussage wird erhärtet durch die leider nur wenigen Beispiele, wo genau dieser Wirklichkeitsverlust überwunden wurde und wo die Menschen dann auch in großer Zahl kamen: bei liturgischen Nächten, politischen Nachtgebeten, eigenen Jugendgottesdiensten usw.

Wir haben gesehen, wie gut es den Basisgemeinden gelungen ist, ihr individuelles und soziales Leben im Gottesdienst selbst zum Ausdruck zu bringen. Dabei geht es nicht darum, den Gottesdienst zu banalisieren, ihn in eine Politveranstaltung umzufunktionieren, ihn zu verzwecken. Vielmehr soll im Gottesdienst die »Tiefendimension der Dinge« (Paul Tillich) erkannt und zum Ausdruck gebracht werden. Dadurch wird der Glaube aus seiner Isolation herausgeführt; der Gottesdienst verliert seinen eingegrenzten Sondercharakter und wird zu einer die ganze Welt umspannenden und dem ganzen Leben sinngebenden Feier.

Im Grunde geschieht hier genau das, was Karl Rahner mit seinem Begriff »Liturgie der Welt« meint[6]. Rahner geht dabei von dem Gedanken aus, daß das uns von Gott geschenkte Heil prinzipiell überall in der Welt erfahren werden kann, ob man Christ ist oder nicht, von einem Atheisten genauso wie von einem Buddhisten. Wenn in dieser Welt ein Mensch sein Leben, seine Mitmenschen und sein Sterben annimmt, wenn er sich einsetzt für Liebe und Gerechtigkeit, dann ist darin Gottes Heil wirksam. Gottesdienst, vor allem Eucharistiefeier, ist nichts anderes als die Artikulation dessen, was überall in der Welt geschieht. Es wird auf den Begriff gebracht, es wird in Wort und Zeichen zum Ausdruck gebracht, was die Menschen wollen und was ihnen zum Heil oder Unheil gereicht. Genau dies geschieht in den Gottesdiensten der Basisgemeinden, und gerade hierin haben wir viel zu lernen für die gottesdienstliche Praxis in unseren Kirchen.

Was unsere Gottesdienste im negativen Sinne auszeichnet, ist ihre Kommunikationslosigkeit. Meistens ist der Kirchenraum so eingerichtet, daß zwischen den Teilnehmern am Gottesdienst Kommunikation mit Erfolg verhindert wird. Und auch die Verbindung zwischen dem Leiter des Gottesdienstes und den Teilnehmern ist fast ausschließlich eine Einwegkommunikation: Der Unterschied zwischen der lehrenden und der hörenden Kirche kommt deutlich zum Ausdruck. Ein solcher Gottesdienst wäre in einer Basisgemeinde unmöglich. Dort wird im Gottesdienst gemeinsam diskutiert, dort erzählt einer von seinen Erlebnissen im politischen Kampf; eine Frau berichtet von ihren Erfahrungen in einer Aktionsgruppe. Es wird das verwirklicht, was Paulus im Hinblick auf den Gottesdienst schreibt: »Wenn ihr zusammenkommt, trägt jeder etwas bei: einer ein Lied, ein anderer eine Lehre, der dritte eine

Offenbarung; einer redet verzückt und ein anderer deutet es. Alles geschehe so, daß es aufbaut« (1 Kor 14,26). Unsere Gottesdienste würden viel lebendiger werden, sie würden im besten Sinne des Wortes attraktiv werden, wenn die Teilnehmer auch untereinander in Verbindung treten würden und jeder zur Gestaltung des Gottesdienstes seinen Teil mit beitragen könnte.

Dazu wäre allerdings auch nötig, daß mehr Phantasie und Kreativität aufgewandt würde, um den Gottesdienst zu gestalten. Wie langweilig sind unsere Gottesdienste oft, wie nichtssagend, anspruchslos, erstarrt in den vorgeschriebenen Riten! Ganz anders die Gottesdienste der Basisgemeinden! Sie sind voller Leben, man möchte fast sagen, voller Sinnlichkeit, und obwohl dieser Gottesdienst oft viel länger als eine Stunde dauert, kann von Langeweile keine Rede sein. Oft haben die Gottesdienste dort einen ausgesprochenen Festcharakter. Der Intuition von einzelnen oder von Gruppen wird freier Raum gelassen, so daß auch einmal etwas ganz Unvorhergesehenes sich ereignen kann.

In den Basisgemeinden wird der Gottesdienst sozusagen von selbst zum politischen Gottesdienst. Diese Gemeinden sind so sehr im politischen Bereich engagiert, daß ganz spontan im Gottesdienst die Probleme ihres politischen Kampfes zur Sprache kommen, das politische Tun selbstkritisch infrage gestellt und mit den Weisungen der biblischen Botschaft konfrontiert wird. Unseren Gottesdiensten würde eine solche »Politisierung« gut tun; sie würden dadurch aus ihrer »splendid isolation« herausgerückt, und es kämen politische Probleme zur Sprache. Dann würde deutlich werden, daß aufgrund des christlichen Glaubens Gottesdienste untrennbar mit dem Dienst am Menschen verbunden sind und das eine nicht vom anderen getrennt werden kann.

5.4 Reform der Kirche

Nimmt man vor allem die Aussagen über die Kirche ernst, wie sie von der Theologie der Befreiung vertreten werden, dann stellen diese eine ernste Provokation an die organisatorischen Strukturen und die institutionalisierte Verfaßtheit der Kirchen in der Bundesrepublik Deutschland dar. An einigen Punkten soll dies hier aufgezeigt werden.

Beide Großkirchen in der Bundesrepublik Deutschland sind faktisch sehr stark an die bürgerliche Mittelschicht gebunden. Von daher ist das ganze Leben der Kirchen, vor allem auch in den Pfarreien, stark geprägt. Nicht nur, daß die Teilnehmer am sonntäglichen Gottesdienst weithin aus der Mittelschicht kommen. Auch die Sprache des Gottesdienstes, der Stil von religiösen Bildungsveranstaltungen, die Ausdrucks- und Argumentationsweise der Bistumszeitungen usw. sind weithin mittelständisch geprägt. Die Arbeiterklasse[7], die fast die Hälfte unserer Gesellschaft ausmacht, nimmt am Leben unserer Pfarrei keinen Anteil, fühlt sich auch nicht angesprochen. Gerade dies aber stellt aus der Sicht der Theologie der Befreiung einen offenkundigen Skandal dar. Eine Kirche, die an den unteren Klassen der Gesellschaft faktisch vorbeilebt, steht im Widerspruch zu der gesamten biblischen Tradition. Hier ist die ganze Kirche zu einer entschiedenen Umkehr aufgerufen.

Die beiden Großkirchen in der Bundesrepublik gehören mit zu den reichsten Kirchen der Welt. Die evangelische Kirche hat im Jahre 1977 an Kirchensteuern und Kirchgeld 4,2 Milliarden DM eingenommen, die katholische Kirche 3,8 Milliarden DM, zusammen also 8 Milliarden DM[8]. Darin sind nicht enthalten die Einnahmen aus den Vermögen, Kollekten, privaten Zuwendungen und vor allem nicht die direkten und indirekten Subventionen durch den Staat. Für die Theologen der Befreiung sind solche Summen unnachvollziehbar. Sie fragen mit Recht, wie eine solch reiche Kirche eine Kirche der Armen sein will. Denn diese hohen Summen, über die die Kirchen verfügen, sind ja nicht nur einfach finanzielle Mittel, sondern sie prägen die ganzen Strukturen der Kirche, ihre Praxis, ihren Lebensstil, ihre Frömmigkeit und ihre Lehre. Dadurch daß die Entscheidung über die Verwendung der finanziellen Mittel vor allem den Diözesen bzw. landeskirchlichen Leitungsgremien zukommt, wächst den diözesanen bzw.

landeskirchlichen Kirchenleitungen natürlich auch eine große Machtfülle zu, viel mehr als z. B. einer diözesanen Kirchenleitung in der Schweiz oder in Frankreich. Von hier aus ist es nicht erstaunlich, daß ausländische Christen verständnislos vor dem zahlreichen Personal in den Kirchenleitungen stehen, während für die Verwaltung einer Diözese in Lateinamerika – oft bei gleicher Katholikenzahl – eine Handvoll Personen genügt. Aus der Sicht der Theologie der Befreiung ist ein solcher Reichtum im Raume der Kirche selbst schlechthin ein Ärgernis. Die Kirchen hierzulande werden sich zu überlegen haben, ob das System der Finanzierung der Kirche durch die Kirchensteuer und das Kirchgeld, was auf der ganzen Welt fast einzigartig ist, der Erfüllung ihrer Aufgaben wirklich zugute kommt oder ob sie dadurch sich nicht selbst im Wege steht.

Es kann auch kein Zweifel darüber bestehen, daß die hierarchischen Strukturen, vor allem in der katholischen Kirche, in der Bundesrepublik Deutschland sehr ausgeprägt sind. Zwar wurden in der nachkonziliaren Ära die synodalen Gremien auf der Ebene von Pfarrei, Dekanat und Diözese eingeführt. Aber die faktische Entscheidungsbefugnis der Gremien ist noch sehr schwach ausgebildet. Dem Bischof und seinen nächsten Mitarbeitern kommt nach wie vor eine außerordentlich große Machtbefugnis zu. Diese wird einerseits verstärkt durch die religiöse Legitimation, die der Bischof hat bzw. die er in Anspruch nimmt; auf der anderen Seite wird, wie angedeutet, die bürokratische Machtstellung durch die enormen zur Verfügung stehenden Geldmittel verschärft. F.-X. Kaufmann führt zu diesem Problem mit Recht aus: »Darüber hinaus ist die Kombination von bürokratischer Herrschaft und hierokratischer oder patriarchalischer Legitimation dieser Herrschaft mit dominierenden kulturellen Orientierungen der Gegenwart imkompatibel – eine solche Kombination erscheint geradezu als unmoralisch.«[9]

Es gibt so etwas wie eine strukturelle Häresie in der Kirche. Das bedeutet, daß in ihr nicht nur dogmatische oder ethische Häresien existieren, sondern auch – in vielerlei Hinsicht viel folgenreicher als diese – Strukturen, die der Erfüllung ihrer Aufgabe im Wege stehen, die sie daran hindern, die frohe

Botschaft von dem den Menschen in Jesus Christus geschenkten Heil Gottes wirksam zu bezeugen. Eine solche strukturelle Häresie hat zum Beispiel verhindert, daß die Kirche in Westeuropa die Ausmaße des sozialen Wandels der Gesellschaft von einer feudalen zu einer industrialisierten und urbanisierten Gesellschaft und des Entstehens der Arbeiterklasse in ihr verkannt hat und deshalb nicht in dieser Gesellschaft, sondern weithin an ihrem Rande gelebt hat. Wenn die Kirche sich nicht radikal reformiert, dann wird sie auch am Rande der postindustriellen Gesellschaft leben.

Was wir hier von der Bewegung der Theologie der Befreiung lernen können, ist die Praxis einer Kirche, die weithin von Brüderlichkeit gekennzeichnet ist, gerade auch im gegenseitigen Verhältnis von Kirchenmitgliedern und Amtsträgern. In den Basisgemeinden werden Priester und Bischöfe als Christen unter Christen angesehen, denen allerdings eine bestimmte Leitungsfunktion zukommt. Im Gegensatz zu den vielfältigen Beschlüssen, Statuten, Wahlordnungen usw., welche die Partizipation der Kirchenmitglieder an den Entscheidungen der örtlichen Kirche regeln (und nur allzuoft einengen), geht es in den Basisgemeinden faktisch viel demokratischer zu. Es ist dort einfach undenkbar, daß ein Pfarrer oder ein Bischof seinen Willen gegen eine Mehrheit in seiner Kirche durchsetzt.

Wenn man die Funktion der beiden Großkirchen in der Gesellschaft der Bundesrepublik Deutschland näherhin analysiert, kommt man um die Feststellung nicht herum, daß beide Kirchen, aufs Ganze gesehen, das gesamte gesellschaftliche System der Bundesrepublik stabilisieren helfen. Im Hinblick auf die katholische Kirche vertritt Carlo Storch die These, sie weise eine vormoderne Grundstruktur auf und sichere durch ihr traditionelles Deutungs-, Wert- und Sozialsystem in wesentlichem Maße die Erzeugung bestimmter Motivationen, die für den Fortbestand der spätkapitalistischen Gesellschaft notwendig sind, ab. Nach Storch handelt es sich bei diesem Beitrag um Orientierungen, die das Gesamtsystem zur Erhaltung von Leistungs- und Abgabebereitschaft, d.h. zur Legitimation braucht, ohne sie indes auf der eigenen, spätbürgerlichen Kulturbasis reproduzieren zu können. Die Funktion der Kirchen, die sich insofern zur Gesellschaftsstruktur fremd verhalten, besteht also vor allem in der ideologischen Absicherung und sozialisatorischen Vermittlung der bestandswichtigen vorbürgerlichen Elemente des systemadäquaten, nämlich privatistischen Motivationsmusters.[10]

Wenn diese These auch etwas zu global erscheint, so ist die Sinnspitze doch wohl richtig. Wie kann aber dann die Kirche, so ist aus der Sicht der Theologie der Befreiung zu fragen, in dieser Gesellschaft ihre prophetisch-kritische Aufgabe wahrnehmen, wenn sie durch ihre legitimatorische Funktion, durch ihren großen Reichtum, durch ihre faktische Liaison mit der konservativen Partei so in das gesellschaftliche System hineingebunden ist, daß sie gar keine kritische Distanz mehr wahren kann? Wie kann sie gesellschaftliche Plausibilitätsstrukturen infrage stellen, wenn sie gerade diese sehr oft produziert und stabilisiert?

In vielen Gesprächen habe ich erfahren, daß die bundesrepublikanischen Kirchen, die bürgerlich geprägt, reich und in dieser Gesellschaft etabliert sind, in den Augen der Theologie der Befreiung ein Ärgernis darstellen. Zwar habe ich auf der einen Seite meinen Gesprächspartnern auch begreiflich zu machen versucht, daß die Christen in unserem Lande nicht aus ihrer geschichtlich gewordenen, gesellschaftlich bedingten Situation herausspringen können und daß die Christen in Lateinamerika, von ihren eigenen theologischen Voraussetzungen aus, der Kirche in der ersten Welt eine andere soziale Gestalt zubilligen müssen als der ihrigen, weil diese eben in einem anderen gesellschaftlichen Kontext leben. Dennoch bleiben bohrende Fragen, an denen sich die Kirchen in der Bundesrepublik Deutschland nicht vorbeidrücken dürfen.

5.5 Ökumenische Dimension

Der Ehrlichkeit halber wird man sagen können, daß im Hinblick auf die Zusammenarbeit der beiden großen Kirchen in der Bundesrepublik Deutschland seit dem letzten Krieg sehr viel geschehen ist. Wohl zu keiner Zeit seit der Reformation ist die Atmosphäre im Verhältnis der beiden Kirchen zueinander, auch im Verhältnis der katholischen und evangelischen Christen untereinander, relativ gesehen, so entspannt gewesen wie heute. Vor allem wurden viele Vorurteile abgebaut, und auf der Ebene von Jugendgruppen, Hochschulgemeinden und Pfarreien sowie auf Stadtebene wird vieles in ökumenischer Gemeinsamkeit getan. Vor allem ist auch darauf hinzuweisen, daß auf der theologischen Ebene in langwierigen, oft sehr schwierigen Lernprozessen über so gut wie alle traditionellen kontroverstheologischen Fragen, wie z.B. das Problem der Rechtfertigung, der Mariologie, des kirchlichen Amtes, des Verständnisses von Eucharistie, des Verhältnisses von Schrift und Tradition, eine weitgehende Einigung erreicht wurde.

Angesichts dieser Sachlage ist es auf der einen Seite erstaunlich, auf der anderen Seite verständlich, daß die Kirchenleitungen auf diözesaner und nationaler Ebene – von der Weltebene ganz zu schweigen – in ökumenischen Fragen so zurückhaltend geworden sind. Dies ist in bestimmter Hinsicht um so erstaunlicher, als Umfrageergebnisse zeigen, daß viele evangelische und katholische Kirchenmitglieder der Frage der Wiedervereinigung beider Kirchen ausgesprochen offen gegenüberstehen, ja im Grunde überhaupt nicht mehr verstehen, warum die Wiederversöhnung nicht bereits vollzogen ist. So sehen z.B. bei einer Befragung 58% aller Katholiken in der Bundesrepublik Deutschland die Mischehe als ganz selbstverständlich an; 10% sind unentschieden und haben kein Urteil, und nur 31% haben Bedenken dagegen, wobei die jüngeren Jahrgänge noch positiver zur Mischehe stehen[11]. Etwas vereinfacht ausgedrückt könnte man sagen, daß die Basis viel ökumenischer eingestellt ist als die Kirchenleitungen.

Im Hinblick auf die Kirchenleitungen hat sich in ökumenischen Fragen so etwas wie ein ökumenisches Kartell etabliert. Damit soll zum Ausdruck gebracht werden, daß man im Rahmen von sehr eng gezogenen Grenzen miteinander zusammenarbeitet, vor allem dann, wenn es gilt, die Interessen der Kirchen gegenüber dem Staat und der Öffentlichkeit zu vertreten. Sobald aber an der Basis ökumenische Zusammenarbeit verwirklicht wird, die über die »Kartellabsprache« hinausgeht, reagiert man sehr allergisch. Dieses Kartell verhindert auch mit Erfolg, daß man institutionell wirklich aufeinanderzugeht, daß tatsächlich ernste Schritte zur Wiedervereinigung beider Kirchen getan werden. Denn dies würde ja auch das Aufgeben des eigenen Einflusses, der Selbständigkeit, den Abbau der eigenen Bürokratie bedeuten.

Wie an anderer Stelle schon angedeutet wurde, setzt sich die Bewegung der Theologie der Befreiung souverän über solche konfessionellen Barrieren hinweg. Obwohl bekanntlich der Anteil der in der reformatorischen Tradition stehenden Christen in Lateinamerika relativ gering ist – er dürfte bei ca. 5% der Gesamtbevölkerung liegen[12] –, ist es für die Theologie der Befreiung selbstverständlich, daß Vertreter beider Konfessionen eng miteinander zusammenarbeiten. Auch in den Basisgemeinden wird niemand nach seiner Konfession gefragt. Es zeigt sich hier eine Offenheit, die überhaupt nichts mit Indifferentismus zu tun hat, sondern der es allein um echten christlichen Glauben und den daraus sich ergebenden leidenschaftlichen Einsatz um mehr Menschlichkeit geht. Alle anderen Gesichtspunkte treten dahinter zurück.

Angesichts dieser Tatsache, angesichts des Glaubenssinns in weiten Kreisen der Mitglieder beider Kirchen, angesichts auch des weitgehenden Konsens' der Theologen beider Konfessionen müssen die Kirchenleitungen in der Bundesrepublik Deutschland immer deutlicher mit der Frage konfrontiert werden, ob ihr Beharren auf Eigenständigkeit wirklich noch dem Willen Gottes gilt oder vor allem der Verteidigung der Interessen beider Kirchenleitungen.

5.6 Theologie

Die katholische und evangelische theologische Wissenschaft in der Bundesrepublik Deutschland hat in der ganzen Welt traditionellerweise einen guten Ruf. Sie kann mit einigem Stolz auf die Ergebnisse ihres wissenschaftlichen Arbeitens im letzten und in diesem Jahrhundert zurückblicken. Eine Ursache dafür ist sicherlich, daß sie einen festen Platz hat im Rahmen der Universitäten und dadurch über eine personale und sachliche Ausstattung verfügt, wie sie sonst kaum auf der Welt gegeben ist.

Aber gerade darin bestehen auch ihre Schwächen. Die deutsche Theologie lebt gewissermaßen in einem akademischen Getto. Sie steht nur allzuoft in der Gefahr, sich in einen elfenbeinernen Turm zurückzuziehen und Theologie um der Theologie willen zu betreiben. Ihre Kommunikation mit der Praxis der Kirchenbasis und mit den Problemen dieser Gesellschaft ist oft sehr gering. Es werden oft Antworten auf Fragen gegeben, die keinen Menschen interessieren außer den Forschenden selbst, und von einer kritischen Reflexion über die Situation von Kirche und von dem Ort der Kirche in der Gesellschaft kann nur selten die Rede sein. Oft werden künstliche Barrieren errichtet zur Öffentlichkeit hin, in denen sich die Theologen sehr abstrakt und theoretisch artikulieren.

Wir haben gesehen, welch ganz anderen Sitz im Leben die Theologie der Befreiung hat, wie sie in dauernder Kommunikation mit den Basisgemeinden steht, sich als theologische Reflexion der sozialen Praxis der Christen versteht und von dort dauernd neue Impulse und Fragestellungen erhält.

Gerade die deutsche Theologie kann von der Theologie der Befreiung sehr viel profitieren, wenn die dort aufgeworfenen Fragen und Probleme und die dort praktizierte Art, Theologie zu betreiben, ernstgenommen wird und wenn sie versucht, aus ihrem akademischen Getto auszubrechen. Sie wird sich auch der politischen Dimension ihres eigenen Tuns bewußt werden müssen, denn, ob man es will oder nicht, auch eine angebliche Distanz der Theologie zum politischen Bereich hat gerade als solche einen politischen Stellenwert.

Mit Recht tritt Karl Rahner für einen Dialog zwischen der Theologie der Befreiung und den europäischen Theologen ein. »Und also muß ein Dialog zwischen unserer europäischen Theologie und dieser Theologie der Befreiung gesucht und unternommen werden. Dazu muß uns hier in Europa nicht nur die eben schon angedeutete allgemeine Notwendigkeit des

Dialogs unter den pluralen Theologien bewegen, insofern jede Theologie von jeder anderen immer lernen kann. Es ist ja auch bei uns nicht so, als ob überall bei uns Gerechtigkeit und Freiheit in unserer Gesellschaft nur blühen und gedeihen. Das Gegenteil davon ist in unserer Gesellschaft nach innen und vor allem nach außen (gegenüber der dritten Welt) in einem Maße gegeben, das unser christliches Gewissen in seiner ›Orthopraxis‹ nicht schlafen lassen darf.«[13]

Dieser Dialog ist unbedingt notwendig und muß intensiviert werden. Was wir weiter oben über die »correctio fraterna«, die brüderlichen Zurechtweisungen zwischen den Kirchen, gesagt haben, gilt insbesondere auch für das Verhältnis zwischen den Theologen. Sie sind es sich schuldig, sich gegenseitig infrage zu stellen, eben voneinander zu lernen. Dies nicht mit dem Ziel, so etwas wie eine einheitliche Welttheologie zu schaffen. Ganz im Gegenteil! Wir haben von vornherein von einer legitimen Pluralität von Theologien auch in derselben Kirche auszugehen. Diese gab es schon im Neuen Testament selbst und während der gesamten Geschichte der Kirche. Nur ein autoritäres und totalitäres Denken kann sich der Illusion hingeben, daß es möglich wäre, zu einer einheitlichen, uniformen Theologie zu gelangen. Diese Pluralität macht ja gerade die Fruchtbarkeit und Lebendigkeit der Theologie aus und weist darauf hin, daß einerseits der Mensch ein sehr ambivalentes Wesen ist, der nie völlig adäquat »begriffen« werden kann, und daß andererseits Gott selbst immer größer ist als alle theologischen Definitionen und Reflexionen. Der Dialog zwischen den verschiedenen Theologien kann die einzelnen Theologien und den einzelnen Theologen davor bewahren, einseitig zu werden, bestimmte Problembereiche zu übersehen, und kann deshalb eine wertvolle Hilfe sein, die eigene Beschränktheit zu überwinden.

Dieser Dialog zwischen der Theologie der Befreiung und der europäischen Theologie scheint im Augenblick etwas gestört zu sein. Von einem Theologen der Befreiung wurde auf einer internationalen Konferenz anstelle des Dialogs mit den europäischen Theologen Inkommunikation angekündigt.[14] Ein deutscher Theologe wirft der Theologie der Befreiung vor, diese sei überhaupt keine eigenständige Theologie und sie habe Karl Marx gar nicht verstanden. Ein Theologe der Befreiung wirft den deutschen Theologen vor, sie seien zu Ideologen des nordatlantischen Bündnisses geworden und könnten sich aufgrund ihres bürgerlichen Lebensstils nicht für eine sozialistische Option entscheiden. Manchmal ist von seiten der Theologen der Befreiung auch Angst mit im Spiel. »Uns aber überkommt der dringende Verdacht, daß das Grundproblem unberührt bleibt, nämlich das Problem der Unterdrückung und Repression durch das weltweite supranationale kapitalistische System, das die Mehrheit der Menschen in der dritten Welt heute bedrängt, und zwar wirtschaftlich, aber auch politisch, militärisch, kulturell und religiös... Darum mißtrauen wir einem bestimmten theologischen Progressismus, der die grundlegenden Probleme unserer gegenwärtigen Geschichte außer acht läßt oder zudeckt. Außer Mißtrauen packt uns auch die Furcht. Furcht davor, daß die Theologie der Befreiung nach Europa gelangen und dort ergriffen und neutralisiert werden könnte und den subversiven, revolutionären und befreienden Charakter verliere, den sie in Lateinamerika besitzt. Auf unserem Kontinent wirkt die Theologie der Befreiung im Untergrund, sie wird verfolgt und unterdrückt. Hier in Europa genießt der theologische Progressismus Ansehen; in Buchhandlungen verkauft er sich gut und beunruhigt meines Erachtens das System nicht weiter. Das ängstigt uns.«[15]

Nun sollte man diese Störungen des Dialoges auch nicht dramatisieren. Es bestehen sicher auch sehr fruchtbare Kontakte unter den Theologen über den Atlantik hinweg, so z.B. im Rahmen der »Ecomenical Association of Third World Theology«, im Rahmen der Zeitschrift »Concilium«, in den verschiedenen Institutionen des Weltkirchenrates usw. Aber im ganzen müßte dieser Dialog sicher noch intensiviert werden. Es müßte auch für beide Seiten klar sein, daß keine Theologie aus den Traditionen und dem gesellschaftlichen Kontext ihres Landes herausspringen kann und darf und daß die Anerkennung der Verschiedenartigkeit von Theologien Voraussetzung jeglichen Gespräches ist. Das bedeutet für die lateinamerikanischen Theologen unter anderem die Anerkennung, daß die europäischen Theologen die neuzeitliche Freiheitsgeschichte mit all ihren Problemen, aber auch mit ihren Errungenschaften nicht über Bord werfen können, daß sie in kritischer Auseinandersetzung darauf aufbauen müssen. Das bedeutet für die europäischen Theologen unter anderem die Anerkennung, daß die lateinamerikanischen Theologen der Befreiung sich klar entschieden haben, wo ihr Ort in der politischen Auseinandersetzung ihrer Völker ist.

5.7 Politische Dimension von Glaube und Kirche

Religion war stets ein politisches Faktum. Soweit wir die Geschichte der Menschheit verfolgen können, gab es schon immer so etwas wie Religion, und diese hatte immer politische Relevanz. Zwar war ihre Funktion in der Gesellschaft sehr verschieden. Oft kam ihr in der Vergangenheit die Aufgabe zu, eine bestimmte lokale oder nationale Gesellschaft zu integrieren. In anderen Gesellschaften und zu anderen Zeiten fiel ihr auch eine desintegrierende, eine protestierende, ja revolutionäre Aufgabe zu. Aber politisch bedeutungslos war sie nie.[16]

Dies gilt auch für das Christentum. Selbst wenn man einmal davon ausgeht, daß sich die Kirche in den ersten drei Jahrhunderten der Gesellschaft und dem Staate gegenüber mehr auf Distanz hielt, so hatte gerade dieser Tatbestand als solcher natürlich auch eine politische Bedeutung. Auch die Verfolgungen der Christen waren ja ein politisches Faktum. Die politische Funktion, welche die Kirche dann im Mittelalter und in der Neuzeit übernommen hat, ist offenkundig.

Selbstverständlich hat die Kirche auch heute politische Relevanz. Diese ist in den einzelnen Ländern außerordentlich verschieden. In Polen nimmt die Kirche unter anderem die Funktion wahr, ein Kristallisationspunkt für oppositionelle Kräfte in der Gesellschaft zu sein, ähnlich wie die Kirchen in Deutschland zur Zeit des Nationalsozialismus. Die Kirche in Irland hat durchaus noch integrierende Funktion im Hinblick auf die Gesellschaft. In Südafrika ist sie zu einer Hoffnung für die schwarzen, unterdrückten Minderheiten geworden. In Spanien waren linkskatholische Kräfte maßgeblich an der Demokratisierung des Staates beteiligt. Auch in der Bundesrepublik Deutschland haben die beiden Großkirchen eine enorme politische Bedeutung. Schon allein dadurch, daß sie als mitgliederstärkste Assoziation in der Gesellschaft existieren, daß sie über enorme finanzielle Mittel verfügen, daß ihnen kraft Grundgesetz und anderer Gesetze weitgehende Privilegien eingeräumt wurden, kommt ihnen eine einflußreiche Stellung in der Gesellschaft zu. Zum Vergleich: Die katholische Kirche in der Bundesrepublik Deutschland umfaßt 26998000 Menschen, die evangelische Kirche 26942000, der Deutsche Sportbund 11753681, der Deutsche Gewerkschaftsbund 7400021 (alle Zahlen beziehen sich auf 1976).[17] Allein die katholische Kirche versammelt in ihren Kirchenräumen jeden Sonntag fast 10 Millionen Gläubige zu den Gottesdiensten. Beide Kirchen zusammen gaben 1975 205 konfessionelle Zeitschriften mit einer Gesamtauflage von 7834000 Exemplaren heraus.[18] Hinzu kommt, daß kraft Grundgesetz – mit Ausnahme des Landes Bremen – der Religionsunterricht Pflichtfach für alle Jugendlichen bis mindestens zum Alter von ca. 17 Jahren ist. Dabei haben wir noch gar nicht von den indirekten politischen Einflußmöglichkeiten der Kirche gesprochen. Es wird wohl wenig andere Institutionen in der Bundesrepublik Deutschland geben, die über so viele gesellschaftliche Kommunikations- und Einflußmöglichkeiten verfügen wie die beiden Großkirchen.

Darüber hinaus aber sind die »neue politische Theologie« und »die Theologie der Befreiung« völlig einig, daß christlicher Glaube und christliche Kirche nicht nur faktisch eine politische Bedeutung haben, sondern daß sie, normativ betrachtet, auch ein politisches Mandat haben sollen. Zentrale Werte der jüdisch-christlichen Tradition wie Friede, Freiheit, Gerechtigkeit, Liebe, Brüderlichkeit haben von vornherein eine politische Dimension und politische Konsequenzen. Dies ist im Alten Testament ganz offenkundig. Wenn man die geschichtlichen Bücher liest, ist man ja immer wieder erstaunt, wie selbstverständlich politische Ereignisse wie Krieg, Verbannung, Besetzung, Vertreibung usw. als Wille Gottes dargestellt werden, bis hin zu jenen Berichten, die unserem heutigen Verständnis so völlig fremd sind, daß nämlich das Töten von Tausenden von Menschen, das Niederbrennen von Städten als Vollzug des Willens Gottes proklamiert wurde. Aber auch für das Neue Testament gilt, daß Jesus zwar sicher kein Sozialrevolutionär war und sich wohl bewußt zu den revolutionären Gruppen seiner Zeit auf Distanz hielt, daß aber der politische Prozeß Jesu und seine Verurteilung zu einer politischen Strafe die völlig logische Konsequenz seines Lebens, seines Redens und seines Verhaltens war, das zentrale Punkte des Wertsystems der damaligen Gesellschaft infrage stellte.

Im Mittelalter war es vielleicht möglich, das Gebot der Nächstenliebe vor allem dadurch zu erfüllen, daß man dem hungernden Bettler vor der Haustüre ein Stück Brot zu essen gab. Heute ist es unbedingt notwendig, politisch zu handeln, wenn man das gleiche tun will: nämlich den ca. 800 Millionen Menschen in der Welt, die ihre Grundbedürfnisse nicht befriedigen können,[19] genügend Nahrung zukommen zu lassen. Dadurch wird heute die Hilfe »face to face« – von Angesicht zu Angesicht – nicht überflüssig. Ganz im Gegenteil! In unserer heutigen hochorganisierten Gesellschaft ist diese Hilfe von Mensch zu Mensch notwendiger denn je. Aber zusätzlich sind die Christen und sind die Kirchen zu einem leidenschaftlichen politischen Engagement für eine Verbesserung dieser unerträglichen Situation aufgerufen, wenn sie dem Gebot der Nächstenliebe noch irgendeine Bedeutung zumessen.

Die Theologie der Befreiung ist eine drängende Herausforderung an die Kirchen, an jede einzelne Gemeinde, an jeden Christen in der Bundesrepublik Deutschland, sich einerseits der faktischen politischen Bedeutung von Glauben und Kirche in unserer Gesellschaft bewußt zu werden und genau zu prüfen, welche Art von politischen Funktionen Christentum und Kirche in unserer Gesellschaft ausüben, ob es eine mehr stabilisierende Funktion ist, welche unter den gegenwärtigen Bedingungen des kapitalistischen Systems die Kluft zwischen Armen und Reichen in der Weltgesellschaft eher vergrößert oder ob es eine mehr kritisch-verändernde Funktion ist, welche zumindest Anstöße zu einer Veränderung des unerträglichen Zustandes mit sich bringt. Hier liegt in meinen Augen der entscheidende Punkt für die Kirche in unserer Zeit, ob sie den »kairos«, die »Zeichen der Zeit«, versteht, sich dieser Herausforderung stellt. Nur wenn die Kirchen sich hierauf politisch einlassen, können sie der Sache Jesu treu bleiben und ihre Glaubwürdigkeit in den Augen unserer Zeitgenossen wiedergewinnen.

5.8 Stellung der Kirche in der Gesellschaft

Die Theologie der Befreiung fordert auf zur Verwirklichung einer »kenotischen Ekklesiologie«, d.h. zu einer Praxis der Kirche, die sich vor allem leiten läßt von den Aussagen im Philipperbrief: »Seid so gesinnt, wie es das Leben in Christus Jesus erfordert: Er war wie Gott, hielt aber nicht daran fest, Gott gleich zu sein, sondern entäußerte sich, wurde wie ein Sklave und den Menschen gleich. Sein Leben war dies eines Menschen; er erniedrigte sich und wurde gehorsam bis zum Tod, ja bis zum Tod am Kreuz. Darum hat Gott ihn über alle erhöht« (2,5–9). Für die Theologie der Befreiung ist es im Hinblick auf die Situation der Kirche in ihren eigenen Ländern wie auch im Hinblick auf die Kirche in anderen Kontexten ein andauernder Stein des Anstoßes, wenn die Kirche sich dadurch abzusichern versucht, daß sie sich mit dem Staat auf die eine oder andere Weise arrangiert. Die Stärke der Kirche liegt in der Stärke ihres Glaubens und nicht in den staatlich verliehenen Privilegien.

Die Theologie der Befreiung liegt damit ganz auf der Linie des Zweiten Vatikanischen Konzils, das in der »Pastoralkonstitution über die Kirche in der Welt von heute« erklärt hat: »Das Irdische und das, was am konkreten Menschen diese Welt übersteigt, sind miteinander eng verbunden, und die Kirche selbst bedient sich des Zeitlichen, soweit es ihre eigene Sendung erfordert. Doch setzt sie ihre Hoffnung nicht auf Privilegien, die ihr von der staatlichen Autorität angeboten werden. Sie wird sogar auf die Ausübung von legitim erworbenen Rechten verzichten, wenn feststeht, daß durch deren Inanspruchnahme die Lauterkeit ihres Zeugnisses infrage gestellt ist oder wenn veränderte Lebensverhältnisse eine andere Regelung fördern« (Nr. 76).

Bei dieser Forderung nach dem Verzicht auf staatlicherseits zugestandene Privilegien wird man allerdings die geschichtliche Entwicklung nicht übersehen dürfen.[20] Während in den vorneuzeitlichen Epochen eine Unterscheidung zwischen Staat und Kirche – vor allem auf der praktischen Ebene – kaum möglich war, setzte in der Neuzeit in dieser Hinsicht ein Differenzierungsprozeß ein. Das führte entweder zu einer wie auch immer gearteten Trennung von Staat und Kirche (wobei nicht nur die Situation in den USA und in Frankreich, sondern auch in den sozialistischen Staaten des Ostens zeigt, daß eine absolute Trennung gar nicht möglich ist, daß vielmehr bestimmte »Arrangements« notwendig sind) oder zur Rechtsfigur der Kirche als Körperschaft des öffentlichen Rechts. In diesem Zusammenhang ist es wichtig zu sehen, daß diese Rechtsfigur nicht etwa bereits zur Verfügung stand und dann auf die Kirche angewandt wurde, sondern daß umgekehrt im Zusammenhang mit dem Differenzierungsprozeß von Staat und Kirche diese Rechtsfigur der – wie sie zunächst, etwa im Preußischen Allgemeinen Landrecht von 1794, hieß – »öffentlichen und privilegierten Kooperation« für die Kirche entwickelt und dann erst auf andere Institutionen wie Dorfgemeinde, Stadtgemeinde und Zünfte übertragen wurde. Der Staat wollte damit von ihm bisher wahrgenommene Funktionen nicht einfach gesellschaftlichen Institutionen und Verbänden oder gar einzelnen Privatpersonen übertragen, sondern er schuf eine vermittelnde Rechtsfigur, die zwar einerseits nicht mehr direkt staatlichen Charakter trägt, die aber bestimmten Institutionen Funktionen von öffentlichem Interesse überträgt. Diese Institutionen öffentlichen Rechts wurden deswegen auch vom Staat mit partiellen staatlichen Hoheitsgewalten ausgestattet und demgemäß – völlig konsequent – staatlicher Rechtsaufsicht, in bestimmten Fällen auch staatlicher Fachaufsicht unterstellt. Dies bringt auch eine der gängigen Definitionen der Körperschaft des öffentlichen Rechts deutlich zum Ausdruck: »Körperschaften des öffentlichen Rechtes sind mitgliederschaftlich organisierte, rechtsfähige Verbände öffentlichen Rechtes, welche staatliche Aufgaben mit hoheitlichen Mitteln unter staatlicher Aufsicht wahrnehmen.«[21]

Für die Kirche war die Herausbildung und Anwendung der Rechtsfigur der Körperschaft des öffentlichen Rechtes ein geschichtlich verständlicher und wohl auch adäquater Vorgang, wenn man die vorhergehende Verbindung von Thron und Altar betrachtet. Dieser Rechtsstatus war auch für die beiden Kirchen sehr vorteilhaft, weil er ihnen die allmähliche Loslösung vom Staate erleichterte und ihnen im gesellschaftlichen Differenzierungsprozeß einen starken institutionellen Halt gaben.

Indessen ist die gesellschaftliche Entwicklung nicht stehengeblieben, und die Anwendung der Rechtsinstitution »Körperschaft des öffentlichen Rechts« auf die Kirche, wie dies im Grundgesetz verankert ist, wird immer problematischer und anachronistischer. Man kann es als einen Treppenwitz der Geschichte bezeichnen, daß diese Rechtsfigur zwar im Zusammenhang mit der Kirche entwickelt wurde, daß heute aber die Kirche aus diesem Status gleichsam herausgewachsen ist. M. Huber stellt zu Recht fest: »Der allgemeine Begriff der ›Körperschaft des öffentlichen Rechts‹ wird für die Kirchen in dem Maße unbrauchbar, indem diese nicht mehr als Staatsanstalten zu verstehen sind und indem die staatliche Kirchenaufsicht in den Hintergrund tritt und schließlich verschwindet. Heute hat die Qualifikation von Kirchen und anderen Religionsgemeinschaften als Körperschaften des öffentlichen Rechts mit dem allgemeinen Begriff der Körperschaft des öffentlichen Rechts nichts mehr gemein und kann nicht mehr aus diesem allgemeinen Begriff hergeleitet werden.«[22]

Die Rechtsfigur der Körperschaft des öffentlichen Rechts entsprach einigermaßen der sozialen Form der Volkskirche. Wenn faktisch die ganze Gesellschaft kirchlich gebunden ist, kann es sinnvoll sein, Religion als ein allgemein gesellschaftliches Bedürfnis und damit Kirche, welche diese Bedürfnisse befriedigt, mit staatshoheitlichen Funktionen auszustatten.

Diese volkskirchliche Gestalt der beiden Großkirchen zerfällt aber in der Bundesrepublik Deutschland immer mehr. Eine zunehmende Pluralisierung in verschiedenen Wertsystemen führt dazu, daß neben dem kirchlich institutionalisierten Wertsystem noch andere Weltanschauungen Bedeutung erhalten. So wird es immer problematischer, in einer solchen Situation der Kirche staatshoheitliche Funktionen zuzubilligen. Es legt sich deshalb nahe, für die Kirche eine neue Rechtsfigur zu entwickeln, nämlich die eines rechtsfähigen Verbandes. Es würde sich hier nur eine Entwicklung – allerdings auf einer anderen Ebene – wiederholen, die, wie wir gesehen haben, sich im Zusammenhang mit der Kirche im 18. und 19. Jahrhundert vollzogen hat. Ähnlich wie damals am Fall der Kirche eine neue Rechtsfigur geschaffen wurde, so wäre die Kirche heute ebenfalls wieder der Fall, an dem exemplarisch auch für andere gesellschaftliche Institutionen (z.B. Gewerkschaften, Unternehmerverband) eine neue Rechtsfigur entwickelt würde, eben die des rechtsfähigen Verbandes. Denn faktisch sind die beiden Großkirchen in der Bundesrepublik Deutschland aus soziologischer und politologischer Sicht heute schon Verbände. Die Kirchen nehmen die Repräsentation organisierter Interessen in der Gesellschaft wahr. Sie sind Organisationen, die Interessen von Einzelpersonen und Gruppen gegenüber anderen Gruppen und dem Staate vertreten. Es kommt ihnen, wie wir gesehen haben, eine politische Funktion zu, und sie stehen in dieser Hinsicht auf derselben Stufe wie Parteien, Gewerkschaften und andere Verbände.

Die Kirche muß sich von ihrer gesellschaftlich verständlichen, heute aber überholten Fixierung auf den Staat befreien und muß sich primär hingeordnet wissen auf die Gesellschaft. Dort ist der Ort ihres Wirkens und ihres Engagements im selbstlosen Dienst an einzelnen und an gesellschaftlichen Gruppen, vor allem im Dienst an denjenigen, die ihre Interessen selbst nicht artikulieren können.

Es versteht sich von selbst, daß ein solcher Übergang von dem Rechtsstatus einer Körperschaft des öffentlichen Rechtes hin zu einem rechtsfähigen Verband langfristiger Übergangsregelungen bedarf, vor allem auch deshalb, weil ein eigenes

Verbandsrecht noch nicht existiert und auch auf harten Widerstand von seiten einiger Verbände stößt. Alle gesellschaftlichen Kräfte aber, vor allem aber Staat, Parteien und Kirche, müßten ein Interesse daran haben, diesen Übergang langfristig zu planen und ihn stufenweise ohne größere Konflikte zu verwirklichen. Falls eine solche langfristige Planung und stufenweise Realisierung nicht geschieht, ist die Gefahr neuer »Kulturkämpfe« nicht auszuschließen.

Im zweiten Korintherbrief schreibt Paulus: »Der Herr antwortete mir: Es genügt dir meine Gnade; denn sie erweist ihre Kraft in der Schwachheit« (12,9). Im Lichte dieser Aussage könnte es möglich sein, daß die starke juristische Absicherung der Kirchen heute ein Zeichen ihrer Schwäche ist, während die Tatsache, daß die Kirche sich in eigener Initiative den gesellschaftlichen Auseinandersetzungen, Konflikten und Provokationen der verschiedenen sozialen Kräfte ohne größere juristische Absicherungen aussetzt, ein Zeichen ihrer Stärke wird.

5.9 Äquidistanz

Wie wir gesehen haben, ist für die Theologie der Befreiung die Option für den Sozialismus charakteristisch. Was auch immer dies im einzelnen bedeuten und wie unterschiedlich auch immer diese Option inhaltlich bestimmt sein mag, so wird man doch an der Entschiedenheit dieser Option nicht zweifeln können. Wie wir weiter gesehen haben, ist dies nicht nur eine Option von einzelnen Theologen. Auch verschiedene Bischofskonferenzen, ja die lateinamerikanische Bischofskonferenz von Puebla, sind sich zumindest in dieser Hinsicht einig, daß das kapitalistische System abzulehnen sei. Hinter einer solchen Ablehnung mag dann nicht selten eine Option für einen sogenannten »dritten Weg« stehen, was immer dies heißen mag, oder auch eine Option für einen Sozialismus. Dabei soll natürlich nicht verschwiegen werden, daß es auch in der katholischen Kirche in Lateinamerika einflußreiche Kreise und eine große Zahl von kirchlichen Amtsträgern gibt, für die schon jegliche Kritik an dem kapitalistischen System als kommunistisch angesehen und bekämpft wird. Wir haben darauf hingewiesen, wie groß die Polarisation in der Kirche in Lateinamerika ist.

Konfrontiert man nun diese Option der Theologie der Befreiung und eines Teils der katholischen Kirche in Lateinamerika für den Sozialismus mit der Haltung des deutschen Katholizismus im 19. und 20. Jahrhundert, so wird man die Unterschiede klar erkennen. Zwar standen die Katholiken dem Anfang der sozialistischen Arbeiterbewegung in Deutschland gar nicht so feindlich gegenüber, was sicher auch darauf zurückzuführen war, daß die Katholiken in der Arbeiterklasse weit überrepräsentiert waren. Auch hat Bischof Ketteler ja zunächst mit Erfolg einige Brückenschläge hin zum Sozialismus versucht. Bald aber (etwa nach 1870) stellte sich heraus, daß der deutsche Katholizismus in der sozialistischen Arbeiterbewegung die Tendenzen wiedererkannte, die er für die absolut zu bekämpfende Wirklichkeit hielt: den Liberalismus. So kam es, daß auch der deutsche Katholizismus die ganze Tragweite dessen, was sich im sozialen Wandel des Industrialisierungs- und Urbanisierungsprozesses vollzog, nicht erkannte, daß er in dem entstehenden Sozialismus jedoch nicht sosehr die spezifisch sozialistische, sondern vor allem die liberalistische Komponente bekämpfte. Obwohl die sozialen Kräfte im deutschen Katholizismus stark waren und später zum Teil auch in der Zentrumspartei ihre politische Bedeutung erhielten – übrigens bis nach dem Zweiten Weltkrieg –, wurde der deutsche Katholizismus doch immer mehr ins bürgerlich-konservative Fahrwasser gedrängt und blieb bis heute, aufs Ganze gesehen, durch einen ausgeprägten Antisozialismus charakterisiert.[23]

Wie ein kurzer Vergleich mit anderen Situationen in anderen Ländern zeigt, ist dies – vor allem seit dem letzten Krieg – keine selbstverständliche Entwicklung. In den USA steht die katholische Kirche – vor allem bedingt durch den irischen Einfluß – von jeher den Demokraten näher als den Republikanern. In Großbritannien gehört diese Nähe der katholischen Kirche zur Labour Party ebenfalls zur Tradition. In den romanischen Ländern Europas engagieren sich zahlreiche und einflußreiche Gruppen von Katholiken in sozialistischen, ja einige sogar in kommunistischen Parteien. Auch in der Bundesrepublik Deutschland kann man davon ausgehen, daß rund ein Drittel aller wahlberechtigten Katholiken nicht mehr CDU wählt. An der antisozialistischen Einstellung des offiziellen deutschen Katholizismus hat dies allerdings nichts geändert, ja diese wurde in den letzten Jahren eher noch verschärft.

Nun wäre es wohl unrealistisch und auch falsch, vom deutschen Katholizismus in der Konfrontation mit der Theologie der Befreiung eine sozialistische Option zu fordern. Dies wird man auch den Theologen der Befreiung gegenüber betonen müssen. Zu unterschiedlich sind die Traditionen, zu unterschiedlich sind auch die gesellschaftlichen Bedingungen. Wir werden uns von der Vorstellung freimachen müssen, daß bestimmte kirchenpolitische und politische Entscheidungen ein für allemal und für alle Kirchen in den verschiedenen Ländern auf die gleiche Weise vollzogen werden müssen.

Was aber von der katholischen Kirche in der Bundesrepublik Deutschland in Auseinandersetzung mit der Theologie der Befreiung mit Recht gefordert werden kann, ist eine Haltung, welche im österreichischen Katholizismus Äquidistanz genannt wird. Dies bedeutet vor allem eine gleiche Distanz der Kirche zu all den Parteien, die auf dem Boden der Verfassung stehen. Äquidistanz meint nicht Neutralität. Es ist darunter auch nicht zu verstehen ein Sich-Zurückziehen der Kirche in die »Sakristei«, in den unpolitischen Raum. Dies ist unmöglich. Äquidistanz bedeutet in unserer Situation konkret, daß der deutsche Katholizismus sich befreit von seiner traditionellen konservativen politischen Ausrichtung und sich dadurch erst die Voraussetzung dafür schafft, nach allen Seiten, vor allem gegenüber allen Parteien, seine kritische Funktion wahrzunehmen. Äquidistanz schließt auch nicht aus, sondern ein, daß sich die katholische Kirche in bestimmten politischen Fragen, wo eine politische Entscheidung ansteht und die in hohem Maße ethisch relevant ist (z. B. Friedenspolitik, Abrüstung, Umweltschutz, Mitbestimmung usw.), festlegt. Nur darf eine solche Entscheidung nicht aufgrund eines anachronistischen und vom theologischen Selbstverständnis der Kirche fragwürdig gewordenen Standpunkts aus getroffen werden, sondern allein aufgrund der Analyse der Situation, der notwendigen Sachkenntnis und der Implikationen, die sich aus der Sache Jesu ergeben – mit allen Risiken, die mit einer solchen konkreten politischen Entscheidung verbunden sind.

Die katholische Kirche in Österreich hat zumindest deklaratorisch diesen Weg beschritten. In seiner Ansprache vor dem Delegiertentag der katholischen Männerbewegung Österreichs in Salzburg im April 1976 führte Kardinal König aus, daß Gesellschaftspolitik aus dem Glauben auf keinen Fall bedeute, daß die Christen immer die Bewahrenden, die Hüter der Vergangenheit sind und daß sie die Veränderung der Welt den anderen überlassen. Jesus habe zwar kein Sozialsystem verkündet; keine gesellschaftliche Ordnung kann sich auf ihn berufen, auch kein System der Vergangenheit und keine Sozialutopie der Zukunft. Aber man müsse von ihm lernen, wie er sich um die Menschen bemüht hat. Sodann sagte der Kardinal, daß manches »in jüngster Vergangenheit anders verlaufen wäre, wenn die Katholiken in der Sozialistischen Partei sich stärker zu Wort gemeldet hätten. Ich maße mir kein Urteil an über die Stellung der Katholiken in der Sozialistischen Partei. In der Kirche aber gibt es keine Klassenunterschiede, keine Rangordnung nach dem politischen Bekenntnis. Die Kirche ist nicht dazu da, politische Proselyten zu machen, sondern die Katholiken, wo immer sie politisch stehen, zu stärken und aufzufordern, auch politisch aus ihrem Glauben zu handeln. Das gilt natürlich genauso auch für Katholiken, die Mitglieder oder Wähler der Freiheitlichen Partei sind . . . Sie haben das Recht, als Katholiken in gleicher Weise behandelt zu werden.«[24] Es wäre viel gewonnen für Gesellschaft, Staat und Kirchen in der Bundesrepublik Deutschland, wenn der deutsche Katholizismus sich zu dieser Haltung durchringen könnte.

5.10 Parteilichkeit für die Armen

In einem gewissen Sinn haben die Theologie der Befreiung und zahlreiche Gruppen in der Kirche in Lateinamerika die Armut neu entdeckt. Dies ist nicht in dem Sinne gemeint, daß die Armut idealisiert würde; wohl aber in dem Sinne, daß der Gott, von dem die jüdisch-christlichen Traditionen berichten, ein Gott der Armen ist, der sich auf die Seite der Entrechteten geschlagen, ja sich mit ihnen identifiziert hat. Die Theologie der Befreiung weist mit Nachdruck darauf hin, daß die Kirche sich nur dann auf die Sache Jesu berufen kann, wenn sie sich wie Jesus die Sache der Armen zu eigen macht.

Dies gilt auch für die Kirchen in der Bundesrepublik Deutschland. Obwohl die Bundesrepublik zu den reichsten Ländern der Welt zählt, gibt es viel unbekannte Not und Armut in dieser Gesellschaft. Und zwar nicht nur Armut, die als individuelles Schicksal unversehens einzelne Personen betrifft, sondern vor allem strukturelle Armut, die ganze soziale Kategorien von Menschen arm macht: bestimmte Kategorien von geistig und körperlich Behinderten, Gruppen von Rentnern, von Arbeitsemigranten, von kinderreichen Familien usw. Die zahlenmäßigen Angaben über das Ausmaß der Armut differieren je nach den angewandten Kriterien. H. Geissler spricht davon, daß 5,8 Millionen Menschen in der Bundesrepublik Deutschland in bitterer Armut leben.[25] L. Vaskovics spricht von 7 Millionen Menschen, die in relativer Armut leben.[26] W. Glatzer führt aus, daß in der Bundesrepublik 12–13% der Bevölkerung in »milder Armut« leben.[27] An der Tatsache also, daß selbst in der zu Recht als reich angesehenen Bundesrepublik Deutschland rund 10% der Menschen in struktureller Armut leben, aus der sie in den meisten Fällen ohne fremde Hilfe nicht ausbrechen können, kann nicht gezweifelt werden.

Wenn Kirche aber in dieser Situation die Kirche Jesu Christi sein will, muß die Kirche Partei ergreifen für die Menschen, die in struktureller Armut leben. Dies muß auf vielfältige Weise geschehen. Oft ist persönliche Hilfe von Mensch zu Mensch geboten. Wichtig ist, daß die einzelnen kirchlichen Gemeinden ein waches Bewußtsein haben für die Not, die im

Raume ihrer Gemeinde existiert. Aber die Kirche als ganze muß, gerade wenn sie selbst so reich ist, Institutionen schaffen, die versuchen, die strukturelle Armut von ihren Ursachen her anzugehen.

Darüber hinaus ist es wichtig, daß die Kirche sich auch in der gesamten Öffentlichkeit zum Sprecher derer macht, die oft sprachlos sind, die ihre Probleme nicht artikulieren können. Vor allem können diese Armen ihre Nöte nicht wirkungsvoll in der Öffentlichkeit vertreten. Die Kirche muß sich zum Interessenvertreter derer machen, die in unserer Gesellschaft keine machtvolle Lobby haben; sie muß den Leiden dieser Menschen ihre Sprache leihen.

Mit diesen Ausführungen soll keinesfalls behauptet werden, daß die Kirchen in der Bundesrepublik diese Aufgaben nicht wahrnehmen. Gerade in dem Bereich, den man »die schmutzige Caritas« genannt hat, der Sorge etwa um bestimmte Gruppen von geistig und körperlich behinderten Menschen, überläßt die Gesellschaft manchmal nur allzugerne diese mühevolle, manchmal die menschliche Kraft fast übersteigende Arbeit den kirchlichen Institutionen. Aber einerseits scheint es mir, daß die caritativen Institutionen der Kirchen zu wenig in das Leben der einzelnen kirchlichen Gemeinden integriert, zu wenig von ihnen wirklich mitgetragen werden. Zum anderen erscheint es notwendig, diese strukturelle Armut viel mehr als bisher politisch anzugehen, was sicherlich auch Verteilungsprobleme in der Gesellschaft mit sich bringt. Und zum dritten könnte die Kirche mehr als bisher dazu beitragen, Vorurteile gegen bestimmte Gruppen von Armen abzubauen und das öffentliche Bewußtsein für die Probleme der strukturellen Armut in der Bundesrepublik Deutschland zu sensibilisieren.

5.11 Geschichtliche Mitschuld der Kirchen an der Unterdrükkung

Wenn uns heute durch die Theologie der Befreiung die Situation der Abhängigkeit und Unterdrückung der Völker in Lateinamerika bewußt wird, dann sollten wir nicht vergessen, daß die Geschichte der Beherrschung vor fast 500 Jahren mit der Kolonialisierung durch die Völker Europas begann, die sich christlich nannten. Diese Geschichte der Kolonialisierung war von Anfang an durch menschenverachtende Grausamkeit, durch Habgier, ja durch Völkermord gekennzeichnet. Und all dies geschah im Namen der allerheiligsten Dreifaltigkeit und der Kirche. Im Namen Gottes wurde ein Indianerdorf nach dem anderen dem Erdboden gleichgemacht, nachdem man zuvor die Indianer auf spanisch oder portugiesisch aufgefordert hatte, Christen zu werden. Da diese sowieso nichts verstanden, auch nichts verstehen sollten, raubte man die Gold- und Silberschätze. Dann wurde die Bevölkerung abgeschlachtet, soweit man die gesunden Männer nicht als Sklaven oder als lebendige Reserven für die Hundenahrung, die jungen Frauen als Beischläferinnen benötigte. Durch Augenzeugenberichte werden uns unvorstellbare Grausamkeiten berichtet, von denen die kolonialisierenden Christen dann durch einen mitziehenden Pater vor jedem Kampf aufs neue absolviert wurden.

Sicher hat es Proteste gegen diese zum Himmel schreiende Ungerechtigkeit gegeben. Der Bericht von Bartolome de las Casas an den spanischen König ist ein genauer Bericht über die Situation und ein eindrucksvoller Protest gegen die begangenen Unmenschlichkeiten. Gleich ihm wären noch andere Namen zu nennen.[28] Aber an der Gesamtentwicklung haben diese Proteste nichts geändert, auch nichts an der Tatsache, daß die Kirche aufs Ganze gesehen diese Kolonialisierung, welche eine Geschichte der Beherrschung und Unterdrückung wurde, abgesegnet und vom Glauben her legitimiert hat. Und dies nicht nur in der ersten Phase. Immer wieder in der Geschichte Lateinamerikas ist die Kirche der Versuchung erlegen, sich mit den Unterdrückern zu arrangieren, ja diese zu legitimieren, bis in unsere Tage.[29]

Wenn Lateinamerika sich heute in einer Situation der Unterdrückung, der Beherrschung durch fremde Mächte, der Ausbeutung durch ausländisches Kapital vorfindet – ein Tatbestand, den uns die Theologie der Befreiung eindrucksvoll darlegt –, dann kann sich die Kirche nicht aus der Mitverantwortung für diesen Zustand davonschleichen. Diese 500jährige Geschichte ist zutiefst vom Christentum und von den christlichen Kirchen mitgeprägt worden, und die Kirchen, vor allem die katholische Kirche, sind mitschuldig an der augenblicklichen Lage, welche den meisten Menschen in Lateinamerika die Erfüllung der grundlegenden menschlichen Bedürfnisse vorenthält und ihnen die grundlegenden Menschenrechte verweigert.

Für viele Christen in Lateinamerika und für viele, vor allem junge Christen in Europa, ist diese Tatsache zu einer ernsten Bedrohung ihres Glaubens geworden. Diese Christen haben so gut wie keine Probleme mit dem, was man traditionellerweise Glaubenszweifel genannt hat, d. h., sie haben keine Schwierigkeiten mit Glaubensaussagen der Kirche, mit der christlichen Orthodoxie. Aber sie haben glaubensbedrohende Probleme mit der christlichen Orthopraxie, d. h. mit der Frage, wie es mit der Wahrheit der christlichen Religion bestellt ist. Sie hat zwar das Gebet der Nächstenliebe als Erfüllung der Gottesliebe ins Zentrum ihrer Aussage gestellt, im Verlauf und als Ergebnis einer von Christen maßgeblich beeinflußten 500jährigen Geschichte jedoch verbreitetes Massenelend mitverursacht. Dieses Problem scheint mir *die* zentrale Glaubensfrage vieler unserer Zeitgenossen zu sein. Kirchliche Amtsträger haben in der Vergangenheit mit gutem Recht gesellschaftliche und politische Mißstände in sozialistischen Ländern kritisiert und sollen dies auch in Zukunft tun. Aber man sollte sich davor hüten, allein aufgrund solcher Mißstände den Sozialismus als solchen zu verurteilen, da man sich sonst selbst das Urteil spricht.

Es versteht sich von selbst, daß aus der Mitschuld der Kirche am Verlauf und Ergebnis der leidvollen Kolonialisierungsgeschichte sich zunächst einmal die Folgerung ergibt, daß die Kirche in dieser Hinsicht »Trauerarbeit« zu leisten hat. Denn man wird nicht behaupten können, daß Tatsachen und Ausmaß des von den Kirchen begangenen Unrechts vielen Christen bewußt geworden seien noch daß Eingeständnisse dieser Schuld durch kirchliche Amtsträger allzu häufig aufzufinden seien. Eine solche »Trauerarbeit« – christlich gesprochen: eine solche Metanoia – ist aber Voraussetzung dafür, daß die Christen und die Kirchen sich in ihrer Einstellung und in ihrem Verhalten ändern. Sodann aber wächst der Kirche aus dieser Schuldgeschichte die erhöhte Verpflichtung zu, sich für eine radikale Änderung der Situation einzusetzen.

5.12 Gegen kirchlichen Neokolonialismus

Missionierung war für die Kirche schon immer ein schwieriges Problem und ist es bis heute geblieben.[30] Dennoch hat die Kirche nach wie vor die Aufgabe, die gute Botschaft von dem uns in Jesus Christus von Gott geschenkten Heil weiterzusagen und durch dieses Zeugnis Menschen zu befreien. Eine Kirche, die nicht mehr missioniert, gibt sich selbst auf. Andererseits zeigt die Kirchengeschichte, daß die Kirche zu jeder Zeit in Gefahr stand, mit der Erfüllung dieses Missionsauftrages immer auch andere Interessen zu verbinden und statt zu einer befreienden zu einer beherrschenden Institution zu werden.

Heute ist die Erfüllung dieses Missionsauftrages besonders schwierig und problematisch geworden. Die Kirche hat in der Welt längst das Monopol als die einzig maßgebende, sinnstiftende Institution verloren. Auch in der Weltgesellschaft hat sich eine Pluralität der Wert- und Sinnsysteme durchgesetzt. Außerdem sind gerade die Völker der dritten Welt außerordentlich sensibel geworden gegenüber jedem Versuch von außen, ihnen ein zunächst fremd erscheinendes Sinnsystem anzubieten. Dazu kommt, daß die ganze gesellschaftliche Hypothek, von der soeben die Rede war, gerade auf den Missionsbemühungen der Kirche lastet. Vor allem im Rahmen der evangelischen Kirche wird deshalb schon von seiten der eigenständigen Kirchen in der dritten Welt die Forderung nach einem »Missionsmoratorium« erhoben. Dies würde bedeuten, daß die Kirchen in der ersten Welt eine Zeitlang jegliche personelle und finanzielle Zuwendung für die Missionierung in der dritten Welt einzustellen hätten.

Was Lateinamerika betrifft, so wird man feststellen können, daß dieser Kontinent in gleichem Maße Missionsland ist wie etwa die Bundesrepublik Deutschland. Das will besagen, daß sowohl in Lateinamerika wie in der Bundesrepublik die große Mehrheit der Bevölkerung zwar christlich getauft ist, daß es aber entscheidend darauf ankommt, die bereits getauften Christen von der Notwendigkeit eines personalen Glaubensvollzuges und der Teilnahme am Leben einer kirchlichen Gemeinde zu überzeugen. Dies aber ist keine Missionsarbeit im traditionellen Sinne, in deren Verlauf die Mutter Kirche Missionare aussandte, um in einem fremden Lande Menschen die christliche Botschaft zu verkünden und möglichst viele von ihnen zur Taufe zu führen.

Wohl aber hat es auch heute seinen guten Sinn, daß Kirchen nach alter, biblisch begründeter Tradition sich gegenseitig Hilfe leisten. So heißt es z.B. in der Apostelgeschichte 11,29f.: »Man beschloß, daß von den Jüngern (sc. in Antijochien) jeder nach seinem Vermögen den Brüdern in Judäa helfen solle. Das taten sie auch und schickten ihre Gaben durch Barnabas und Saulus an die Ältesten.« Solche Hilfe kann darin bestehen, daß geeignete christliche Frauen und Männer aus der Bundesrepublik, ordiniert oder nicht, nach Lateinamerika gehen, um dort in kirchlichen Gemeinden oder in Entwicklungszentren mitzuarbeiten. Natürlich ist in diesem Zusammenhang auch an finanzielle Hilfe zu denken, wie sie vor allem von dem bischöflichen Werk »Adveniat« und »Misereor« geleistet wird. Es muß aber völlig klar sein, daß diese Hilfe ohne alle Vorbedingungen und unter völliger Respektierung der Verantwortung und Entscheidung der dortigen zuständigen Gremien und Amtsträger geleistet wird. Entschieden abzulehnen ist jeglicher direkter oder indirekter Versuch der Kirchen in der Bundesrepublik, im Rahmen der kirchlichen Werke oder auch unabhängig davon auf die dortigen Kirchen in neokolonialistischer Weise Einfluß zu nehmen oder gar finanzielle Hilfen von solchen Einflußmöglichkeiten abhängig zu machen. Vielmehr muß ganz deutlich werden, daß die kontinentalen, nationalen und diözesanen Kirchen autonom sind und daß sie fähig und willens sind, ihre von ihnen als richtig erkannten Wege in Selbstbewußtsein und Selbstverantwortung zu gehen. Diese Überzeugung hat das »Memorandum westdeutscher Theologen zur Kampagne gegen die Theologie der Befreiung« deutlich zum Ausdruck gebracht.[31] Davon unberührt bleiben natürlich das Recht und die Pflicht der einzelnen Kirchen, sich gegenseitig den Dienst der Kritik zu leisten, bestimmte Praktiken und bestimmte theoretische Überlegungen infrage zu stellen und voneinander zu lernen. Aber dies sollte eine wechselseitige Beziehung und kein Einbahnverkehr sein.

5.13 Kirche als Interessenvertreterin der dritten Welt

Die Theologie der Befreiung hat uns aufs neue ins Bewußtsein gerückt, daß die augenblicklich bestehende Weltwirtschaftsordnung zutiefst ungerecht ist. Obwohl diese sogenannte Ordnung mit dem Anspruch auftritt, eine freie Marktordnung zu sein, geht sie nicht nur von völlig verschiedenen ökonomischen Ungleichheitsstrukturen aus, welche die Volkswirtschaften der dritten Welt von vornherein in eine machtlose und ausbeutbare Position weist. Darüber hinaus haben die industrialisierten Volkswirtschaften eine hohe Barriere tarifärer und nichttarifärer Maßnahmen errichtet – völlig im Widerspruch zu den Prinzipien einer freien Marktwirtschaft –, die es ihnen erlaubt, unerwünschte Billigprodukte von ihrem Absatzbereich fernzuhalten. Hinzu kommt die Monopolstellung der transnationalen Unternehmen, die jegliche Marktprinzipien außer Kraft setzen und die sich oft nicht scheuen, ihre Gewinnchancen mit allen Mitteln zu erhöhen. Wir müssen uns mit der Tatsache konfrontieren, daß die faktisch bestehende Weltwirtschaftsordnung nicht nur die Volkswirtschaften der ersten (und in wachsendem Maße der zweiten) Welt enorm begünstigt, während die Völker der dritten und vierten Welt sich aufgrund dieser sogenannten Ordnung in der Situation der Unterdrückung und Ausbeutung vorfinden, sondern daß diese Weltwirtschaftsordnung auch faktisch strukturelle Gewalt auf die Völker der dritten Welt ausübt. Der in den Ländern der ersten Welt wenn auch unterschiedlich ausgeprägte, so doch relativ große Reichtum wurde vor allem auf Kosten der hungernden und leidenden Völker in der dritten und vierten Welt erlangt.

Zwar wurden in den letzten Jahren auf Druck der Staaten der dritten und vierten Welt, vor allem auf Vorschlag der sogenannten »Gruppe der 77«, im Rahmen der Vereinten Nationen verschiedene Bemühungen unternommen, eine »neue Weltwirtschaftsordnung« zu schaffen, die unter anderem versucht, ein integriertes Rohstoffprogramm und die Indizierung von Rohstoffpreisen zur Stabilisierung von Exporterlösen aus der dritten Welt sowie eine Lösung des Schuldenproblems zu verwirklichen. Diesem Programm wurde auch im Prinzip von allen Nationen der ersten Welt zugestimmt. Die Verwirklichung dieses Programms läßt jedoch auf sich warten. Und darüber hinaus besteht die Gefahr, daß selbst eine solche »neue Weltwirtschaftsordnung« wieder nur den Eliten in den Ländern der dritten Welt zugute kommt. Sehr ernsthaft in Erwägung zu ziehen sind deshalb jene Konzeptionen, die auf eine zeitweilige Abkoppelung der nationalen Volkswirtschaften der dritten Welt vom Weltmarkt oder zumindest auf eine relative wirtschaftliche Autonomie hinauslaufen.

Die Armen der dritten Welt haben in der Bundesrepublik Deutschland praktisch keine Institution, die ihre Interessen wirksam vertritt. Vor allem angesichts der mächtigen Lobby, welche die wirtschaftlichen Interessen derjenigen vertritt, die in scharfer Konkurrenz zu den Interessen der Armen in der dritten Welt stehen, bedarf es einer Institution, die sich der Not der Menschen in der dritten Welt annimmt, sich mit ihnen solidarisiert. Aufgrund ihres Selbstverständnisses sind die Kirchen in der Bundesrepublik Deutschland dazu berufen, diese Funktion zu übernehmen.

Die Leitungen beider Kirchen haben diese Aufgaben im Prinzip erkannt. In zwei wichtigen, sehr mutigen und konsequenzenreichen Erklärungen haben sie zu diesen Fragen Stellung genommen und eindeutig Position bezogen.[32] So heißt es z. B. in der Erklärung zu UNCTAD IV: »Alle Industriestaaten in West und Ost, gerade auch die Bundesrepublik Deutschland als eines der reichsten Länder der Erde, sind aufgefordert, mehr als bisher für den Interessenausgleich zwischen Industrie- und Entwicklungsländern zu tun. Diese Herausforderung durch konstruktives politisches Handeln annehmen heißt, einen Strukturwandel auch in unserer eigenen Wirtschaft und Gesellschaft zu akzeptieren: Indem wir darauf verzichten, die privaten Konsumgewohnheiten des Überflusses einfach fortzuschreiben; ... indem wir den Mut haben, die notwendige Umstrukturierung unserer Produktion zu fördern, die im Hinblick auf eine stärkere Beteiligung der dritten Welt an der Industrieproduktion und am Welthandel umfassender als bisher vorgenommen werden muß.«[33] Und in der Erklärung zu UNCTAD V heißt es: »In diesen veränderten Rahmenbedingungen der Weltwirtschaft sehen die Kirchen eine ernste Herausforderung für Industrie- und Entwicklungsländer. Sie möchten darauf hinwirken, daß Gerechtigkeit und Solidarität auch für Ordnung und Ablauf der internationalen Wirtschaftsbeziehungen gelten. Zugleich haben die Kirchen für die berechtigten Interessen der Menschen einzutreten, die selbst ›keine Stimme‹ haben. Gerechtigkeit hat nicht nur mit dem persönlichen Handeln des Menschen, sondern auch mit Strukturen und Institutionen zu tun. Soziale Gerechtigkeit als gesellschaftliches Ordnungsprinzip zielt auf eine soziale Ordnung, die weder auf reiner Macht und Willkür noch auf subjektiver oder nationalstaatlicher Nützlichkeit beruht, sondern Gleichheit in der Verteilung der Lebenschancen fördert und allen Menschen die Möglichkeit zu einer humanen Lebensentfaltung bietet.«[34] Leider sind diese Erklärungen sowohl in der innerkirchlichen wie in der außerkirchlichen Öffentlichkeit so gut wie unbeachtet geblieben. Auch die Vorbereitung und Durchführung des »entwicklungspolitischen Kongresses der Kirchen« im Januar 1979 hat bisher keine wahrnehmbaren Konsequenzen gehabt.

Aber das bisherige Ausbleiben von zumindest sichtbaren Erfahrungen darf die Kirche nicht entmutigen, in dieser Richtung weiterzuarbeiten. Zunächst stellt es eine große Aufgabe der Kirche dar, bei ihren Mitgliedern Vorurteile gegen Entwicklungspolitik abzubauen, sie für die Probleme in der dritten Welt zu sensibilisieren, vor allem die kausalen Zusammenhänge zwischen Reichtum in der ersten und Armut in der dritten Welt ins Bewußtsein zu rufen. Die bestehenden Werke »Adveniat« und »Misereor« haben in dieser Hinsicht einiges geleistet, müßten aber noch entschieden mehr an Aufklärungsarbeit tun. Darüber hinaus müßte die Kirche unermüdlich den Verantwortlichen in den Verbänden, Parteien und Regierungen zur Last fallen, stellvertretend für die Millionen von Menschen in der Welt, die menschenunwürdig leben und die ein Recht darauf haben, ein menschenwürdiges Leben zu führen. Wer denn sonst könnte diese Aufgabe wirkungsvoll übernehmen?

Dabei sollten die Kirchen sich nicht scheuen, unter Rückgriff auf alte Traditionen von Verzicht und Opfer zu sprechen. Zwar sind diese Begriffe nicht selten von der Kirche zugunsten ihrer eigenen Interessen mißbraucht worden. Dies darf sie aber nicht daran hindern, heute zugunsten anderer notleidender Menschen zu einem notwendigen Verzicht aufzurufen. Wir geben uns der Hoffnung hin, daß unsere Zeitgenossen, wenn ihnen die Zusammenhänge einsichtig gemacht werden, eine solche Forderung verstehen.

Willy Brandt hat einmal ausgeführt, daß er als Vorsitzender der SPD und damaliger Außenminister es erst dann gewagt habe, in der Öffentlichkeit von einer notwendigen Respektierung bzw. Anerkennung der Oder-Neiße-Linie zu sprechen, als die Evangelische Kirche in Deutschland ihre Denkschrift zum Problem der Vertriebenen und der Bensberger Kreis sein Memorandum zur Versöhnung von Polen und Deutschen veröffentlicht hatten. Analog dazu wäre es heute Aufgabe der Kirchen, das politische Vorfeld bewußtseinsmäßig dafür aufbereiten zu helfen, daß die Parteien und die Regierung die notwendigen, auch für die Wirtschaft der Bundesrepublik konsequenzenreichen Entscheidungen treffen können. Dabei wird es dann allerdings auch wieder auf die Kirchen ankommen, daß diese internationale Umverteilungsproblematik nicht auf Kosten der Schwachen und Armen, z.B. der Rentner, zustande kommt, sondern wirklich von der breiten Masse der Gesellschaft getragen wird. Wenn die Kirchen mithelfen, diese dringendsten politischen Probleme unserer Zeit einer Lösung zuzuführen, erfüllen sie ihre ureigenste Aufgabe der christlichen Nächstenliebe und brauchen sich dann auch vor einer Legitimationskrise nicht mehr zu fürchten.

Der Theologie der Befreiung geht es vor allem um eine Befreiung der Unterdrückten. Damit ist notwendigerweise eine Verurteilung der Unterdrückung, aber keine Verdammung der Unterdrücker gegeben. So heißt es in dem mehrfach zitierten Dokument der Bischöfe Perus »Gerechtigkeit in der Welt«: »Für die Kirche Perus bedeutet dies, sich auf die Seite der Unterdrückten und Unterprivilegierten zu stellen, und zwar durch das persönliche und gemeinsame Engagement. Diese Entscheidung schließt keinen Menschen von unserer Liebe aus. Uns für die Unterdrückten zu entscheiden, ist für uns eine wirksame Art der Liebe zu denen, die vielleicht unbewußt unterdrückt sind, gerade deswegen, weil sie unterdrücken.«[35]

Es liegt auf der Linie der Theologie der Befreiung, auch über die Befreiung der Unterdrücker zu reflektieren und sich dafür zu engagieren. Darauf hat Jürgen Moltmann zu Recht hingewiesen.[36] Es muß das Ziel sein, nicht nur die Unterdrückten aus ihrer unmenschlichen Situation zu befreien, sondern auch die Entfremdung der Unterdrücker aufzuheben. Dieses Ziel muß von beiden Seiten näher angegangen werden.

Hegel legte in seiner »Phänomenologie des Geistes« überzeugend dar, daß das Wesen des Herrn darin besteht, Knechte zu haben, so daß er ganz wesentlich auf die Knechte hinbezogen ist. Und umgekehrt: Zum Wesen des Knechtes gehört es, daß er einen Herrn hat, und er ist in seiner ganzen Existenz auf diesen seinen Herrn bezogen. Will man diese Herrschaftsstrukturen aufbrechen, so ist es wichtig zu versuchen, die Entfremdung von beiden Seiten her zu überwinden. Das Ziel kann es nicht sein, daß die Rollen einfach ausgetauscht werden, daß die Unterdrückten die zukünftigen Herrscher werden oder das Proletariat eine Diktatur ausübt. Vielmehr muß alles versucht werden, Herrschaft überhaupt abzubauen und zu einer herrschaftsfreien Kommunikation zwischen den Menschen und Völkern zu kommen.

Für die Kirche und die Theologie in der ersten Welt bedeutet dies, sich für die Unterdrückten zu engagieren und sich für ihre Rechte einzusetzen. Es bedeutet aber auch, sich um die Befreiung der Unterdrücker zu mühen. In vielen Gesprächen mit Christen in Lateinamerika wurde immer wieder gesagt, daß es die vordringlichste Aufgabe für die Christen in der ersten Welt sei, dafür zu sorgen, daß die Situation in der ersten Welt verändert werde, daß hier bei uns radikale Änderungen des politökonomischen Systems notwendig seien, die sich dann auch befreiend auf die Situation in Lateinamerika auswirken.

Dies setzt auch voraus, daß wir in der ersten Welt zu der Einsicht gelangen müssen: wir sind selbst Unterdrücker. J. Moltmann schreibt: »Wer Unterdrückten zur Freiheit helfen will, muß bei sich selbst anfangen: Er muß aufhören, ihr Unterdrücker zu sein. Er muß sich selbst befreien... Weil die meisten Menschen sowohl unterdrückt sind wie ihrerseits an der Unterdrückung anderer Menschen teilnehmen, also ›unterdrückte Unterdrücker‹ sind, ist es wichtig, die Befreiung auf beiden Seiten der Unterdrückung zu erkennen.«[37]

Wir werden uns bewußt machen müssen, daß es auch in der Bundesrepublik Deutschland eine Vielfalt von Unterdrükkungsstrukturen gibt, z.B. im Rahmen der Familie, der Schulen, der Universitäten, der Kirchen, der Betriebe usw. Es gibt einen männlichen Sexismus, d.h. Herrschaftsmechanismen des Mannes über die Frau, aufgrund von Privilegien, die der Mann in seiner Männlichkeit vorgegeben sieht. Es existiert eine Vergötzung von Arbeit, Beruf und Leistung, die unter der ungeschriebenen Maxime steht: Ich leiste etwas, also bin ich. Wir haben die unterdrückende Funktion von Zielen wie Profit, wirtschaftliches Wachstum und Reichtum zur Kenntnis zu nehmen, deren Folge die Isolierung der Menschen voneinander ist, weil jeder in Konkurrenz zu jedem steht. Reichtum, der nicht als Möglichkeit für menschenwürdiges Leben, sondern als Ziel gesehen wird, bringt notwendigerweise Kampf um mehr Einfluß und Herrschaft mit sich. Und diese Herrschaft muß dann mit allen Mitteln verteidigt werden. Das kapitalistische System kann so zu einer »Gestalt des menschlichen Selbsthasses« werden (J. Moltmann).

Darüber hinaus aber ist es bisher nur wenigen Menschen in

der ersten Welt klar geworden, daß wir im internationalen Maßstab zum Unterdrücker anderer nationaler Gesellschaften geworden sind. Wir halten politökonomische Strukturen aufrecht, von denen wir sehr viel profitieren, die aber zur Unterdrückung von Millionen Menschen führen. Das Bewußtmachen dieser Zusammenhänge ist die wichtigste Voraussetzung für eine politische Veränderung der internationalen Beziehung, für eine entscheidende Senkung der Rüstungskosten und für die Schaffung einer wirklich gerechten Weltwirtschaftsordnung.

Die Theologie der Befreiung fordert die Kirche in der ersten Welt heraus, ihren Teil dazu beizutragen, daß die Ungerechtigkeit dieser unterdrückenden Strukturen aufgedeckt und bewußt gemacht wird. Nur so kann die Entfremdung der Unterdrückten und der Unterdrücker überwunden werden.

6. Schluß

Will man sich ein abschließendes Urteil über die Theologie der Befreiung bilden, so geht es natürlich nicht an, sie einfachhin unkritisch zu akzeptieren. Sie ist – von ihrem eigenen Selbstverständnis her – mehr als andere theologische Konzeptionen durch ihren geschichtlichen und gesellschaftlichen Kontext bedingt und will es auch sein. Sie ist *eine* Weise der reflektierten Annäherung an Gott und die Welt. Sie ist von ganz bestimmten Theologen entwickelt und vorangetrieben worden und deswegen beschränkt. Sie ist in mancher Hinsicht bewußt einseitig, ja parteilich. Sie bedarf der weiteren Reflexion, Entfaltung und Vertiefung.

Auf der anderen Seite ist aber offensichtlich durch diese Darlegungen deutlich geworden, wie sehr die Theologie der Befreiung sich den jüdisch-christlichen Traditionen verpflichtet weiß, wie sehr sie von der Sache Jesu her geprägt ist und alte Traditionen der Kirchen aufnimmt. Sie ist zutiefst von Spiritualität durchdrungen, die ebenfalls an alte Traditionen anknüpft, und schafft eine Vermittlung zwischen Spiritualität und Politik wie selten zuvor in der Kirchengeschichte. Mit aller Leidenschaft setzt sie sich ein für die Menschwerdung der Menschen. Sie ist zutiefst davon überzeugt, daß Menschendienst immer zugleich Gottesdienst ist, daß dieser Gottesdienst immer auch dem Dienst an den Menschen zugute kommt.

Die Theologie der Befreiung ist zu einer großen Hoffnung für die Kirche in Lateinamerika geworden. Ja, für mich besteht kein Zweifel darüber, daß nur eine Kirche, die sich vom Geist dieser Theologie leiten läßt, in Lateinamerika überleben wird. Insofern bilden die Bischofskonferenzen von Medellin und Puebla, weil sie sich der Sache nach für die Theologie der Befreiung entschieden haben, einen entscheidenden Einschnitt und einen mutigen Neuanfang in der Geschichte der katholischen Kirche in Lateinamerika. Dank der Theologie der Befreiung hat die Kirche in Lateinamerika eine neue Art von Glaubwürdigkeit gewonnen.

Für die Kirchen in der ersten Welt stellt die Theologie der Befreiung – über alle Konfessionsgrenzen hinweg – eine notwendige Provokation dar, um sie aus ihrer bürokratischen Erstarrung zu lösen. Ob die Kirchen in der ersten Welt diese Provokation annehmen, ob es eine heilsame Provokation sein wird, das erscheint mir im Augenblick – zumindest im Hinblick auf die Situation der Kirche in der Bundesrepublik Deutschland – fraglich.

Für die Kirche gab es in ihrer Geschichte Schwellenpunkte, die im Negativen wie im Positiven auf das weitere Schicksal der Kirche entscheidenden Einfluß hatten. Daß es Paulus gelang, die christliche Kirche aus der Enge einer jüdischen Sekte herauszuführen und durch die Aufnahme von Nichtjuden gegen den harten Widerstand des ersten Papstes zu einer weltoffenen Kirche zu machen, stellte einen solchen Schwellenpunkt dar. Daß es der Kirche im Mittelalter gelang, die germanischen Völker in die Kirche zu integrieren, war für ihre weitere Entwicklung von größter Bedeutung. Das verhängnisvolle Ende des Ritenstreites brachte es mit sich, daß die hoffnungsvoll begonnene Präsenz der Kirche in China durch erbärmliche innerkirchliche Querelen zunichte gemacht wurde. Viele Anzeichen sprechen dafür, daß die Theologie der Befreiung zu einer neuen Präsenz der Kirche in der dritten Welt führen kann. Wer deshalb die Theologie der Befreiung und die von ihr inspirierte Bewegung der Kirche bekämpft, muß wissen, was er tut. Die Zukunft der Theologie der Befreiung kann zum Schicksal der Kirche werden.

Anhang

Memorandum westdeutscher Theologen zur Kampagne gegen die Theologie der Befreiung vom 21. 11. 1977

Die Belege dafür mehren sich, daß die seit langem von einflußreichen Kreisen der katholischen Kirche der Bundesrepublik geführte Kampagne gegen die Theologie der Befreiung und viele ihr nahestehende Bewegungen der lateinamerikanischen Kirche mittlerweile so scharfe Ausmaße angenommen hat, daß ein öffentlicher und nachdrücklicher Protest unumgänglich erscheint. Die Unterzeichnenden sind der Überzeugung, daß dieser wenig brüderliche Angriff sowohl die seit Medellin (1968) in Gang gekommene unabhängige kirchliche Entwicklung Lateinamerikas zu gefährden als auch Theologen und Bischöfe der einzelnen Nationalkirchen zu spalten droht.

Im folgenden sollen einige Aspekte dieser Kampagne verdeutlicht, insbesondere aber auf das verhängnisvolle Bündnis zwischen der Führungsspitze des bischöflichen Hilfswerkes Adveniat und dem in Lateinamerika als erklärter Feind der Theologie der Befreiung bekannten Pater Roger Vekemans aufmerksam gemacht werden.

1. In Medellin (1968) hatten die lateinamerikanischen Bischöfe eine klare Haltung zugunsten der Befreiung der Völker ihres Kontinents aus jahrhundertelangem Elend, Abhängigkeit und Entmündigung angenommen und sich vorbehaltlos für die Abschaffung ausbeuterischer und ungerechter Verhältnisse ausgesprochen. Um so erstaunlicher ist es, daß gerade gegen die Theologie der Befreiung, welche diesen entscheidenden und weltweit beachteten Aufbruch von Medellin mit vorbereitet und getragen hat, in Verbindung mit kirchlichen Stellen, welche gerade der Entwicklung Lateinamerikas dienen sollen, eine Kampagne inszeniert wird. Eine treibende Kraft dieser Kampagne ist R. Vekemans, derzeit Direktor des Studienzen-

trums für die Entwicklung und Integration Lateinamerikas (CEDIAL) in Bogotà (Kolumbien). Vekemans ist nicht nur durch seine unermüdliche Tätigkeit gegen die Theologie der Befreiung auf verschiedenen Schauplätzen in Lateinamerika und in Europa hervorgetreten, sondern ist auch durch den in der Presse gegen ihn erhobenen Vorwurf, vom CIA Unterstützung in Millionenhöhe zur Durchsetzung einer Politik in Lateinamerika erhalten zu haben, ins Zwielicht geraten (vgl. The Washington Star, July 23, 1975; Le Monde vom 25. und 27./28. Juli 1975). Für viele Priester und Christen Lateinamerikas steht fest, daß Vekemans nicht nur gewichtige finanzielle Zuwendungen von kirchlichen Organisationen wie z. B. Adveniat erhalten hat, sondern daß sein Einfluß und seine Schlüsselrolle in vielen Gremien und Organisationen bewirkt, daß Gruppierungen (wie z. B. das Opus Dei), die seiner Politik förderlich sind, unterstützt werden, während vielen, die für die Selbstbefreiung der Armen und Unterdrückten arbeiten, eine ebenso großzügige Unterstützung versagt bleibt.

Auf seiten des lateinamerikanischen Episkopates wird die Kampagne gegen die Theologie der Befreiung vor allem unterstützt von den kolumbianischen Weihbischöfen A. Lopez Trujillo (Bogotà) und D. Castrillon (Pereira). Lopez Trujillo kann dabei insofern ein großes Potential einsetzen, als er zugleich Sekretär der lateinamerikanischen Bischofskonferenz (CELAM) ist. Auf deutscher Seite sind insbesondere Bischof Hengsbach von Essen, Mitglieder des Leitungsteams von Adveniat sowie die Professoren Weber, Rauscher und Bossle innerhalb dieser Kampagne hervorgetreten. Die genannten Beteiligten haben sich seit längerem als sogenannter Studienkreis »Kirche und Befreiung« etabliert.

2. »Der deutschsprachige und lateinamerikanische ›Studienkreis Kirche und Befreiung‹ ist – nach einer Pressemitteilung von Bischof Hengsbach – im Lauf des Jahres 1973 entstanden. Der Entschluß zu seiner Gründung wurde bei einer Begegnung des Adveniat-Vorsitzenden Bischof Hengsbach mit einer Gruppe lateinamerikanischer Bischöfe und Theologen im Februar 1973 in Bogotà gefaßt. Bisher hat sich der Studienkreis

im Oktober 1973, im Juni 1974 und im April 1975 jeweils in Mülheim/Ruhr getroffen« (KNA Nr. 53, 4. März 1976). Aus diesen Treffen sind bisher vier Publikationen hervorgegangen, als deren Herausgeber-Gruppe F. Hengsbach, A. L. Trujillo, L. Bossle, A. Rauscher, W. Weber auftreten.

3. Dieser Studienkreis organisierte vom 2. bis 6. März 1976 in Rom ein aufwendiges und großenteils aus Mitteln, die die deutsche Kirche beschafft hatte, finanziertes Kolloquium, welches unter der Leitung der Bischöfe Hengsbach und Lopez Trujillo stand. Zu den Hauptreferenten der Tagung zählten neben den Leitern vor allem Castrillon, Vekemans, Rauscher und Weber. Unter den Beobachtern und Diskutanden befanden sich zahlreiche Vertreter der führenden Gremien des deutschen Katholizismus.

Einen Überblick über Zusammensetzung des Kolloquiums, Tagungsthemen und Referate vermittelt eine Dokumentation, die vom Centre Oecumenique de Liaisons Internationale, Paris 1976, herausgegeben wurde. Da der deutsche Tagungsbericht bisher noch nicht vorliegt, wird vor allem auf diese Dokumentation Bezug genommen. Die Tagung hatte sich zum Ziel gesetzt, »jede Umdeutung des christlichen Glaubens in ein soziales oder politisches Programm... zu verhindern« (KNA Nr. 53, 4. März 1976). Zu den Hauptfeinden wurden die Theologie der Befreiung und die ihr nahestehende Bewegung der »Christen für den Sozialismus« erklärt, wobei beiden vorgeworfen wurde, sich Erkenntnisse der marxistischen Gesellschaftsanalyse zu eigen gemacht und dadurch zur Aushöhlung des Glaubens beigetragen zu haben.

Wer noch im Tagungsthema »Der gesellschaftliche Auftrag der Kirche – zwischen christlicher und säkularisierter Hoffnung« den Hinweis auf eine argumentative Auseinandersetzung vermutet hatte, wurde durch die in aggressiver und vielfach verunglimpfender Weise vorgetragenen Beiträge enttäuscht. In einem ca. 80 Seiten umfassenden Bericht über die weltweite Ausbreitung der Theologie der Befreiung gibt R. Vekemans im Teil 2. C seiner Ausführungen folgende Kennzeichnung: »Die jetzige Ausbreitung (der Theologie der Befreiung) geschieht durch Ansteckung, wobei sich die Träger des Bazillus vermehren.« Bei dieser Art des Umgangs mit theologischen Gegnern ist es verständlich, wenn G. Casalis schreibt: »Alles dies steht im Dienst einer einzigen These, eines immer wiederkehrenden Slogans: Befreiungstheologie und Christen für den Sozialismus sind Verbündete des Feindes und seine besten Agenten zur Infiltration der ›freien Welt‹. Der Bazillus und seine Träger müssen zerstört werden, bevor sie alles angesteckt haben. Dieser Appell an die weltliche Instanz dürfte schnell gehört werden.« (IDOC, New Series, Bulletin, Nr. 1–2, Rom 1977)

Wie verseucht die Sprache der Auseinandersetzung mittlerweile selber ist und wie ansteckend sie wirkt, belegt das Vorwort von W. Weber zu dem Band »Irrwege des religiösen Sozialismus« (1977), wo er, die Ausdrucksweise Vekemans übernehmend, einen Vergleich zwischen dem religiösen Sozialismus und den Christen für den Sozialismus anstellt: »Der religiöse Sozialismus ... war zugleich kirchen- und gesellschaftskritisch eingestellt. Dasselbe gilt von den Christen für den Sozialismus, die, Anfang der siebziger Jahre von Chile ausgehend, inzwischen Metastasen in vielen Teilen der Welt gesetzt haben.« (S. 8)

Während auf der Tagung den kritischen europäischen Theologen, besonders der politischen Theologie, erneut das Entstehen der Theologie der Befreiung mitangelastet wird, wobei darauf hingewiesen wird, daß einflußreiche Vertreter der Theologie der Befreiung selber von Europa nach Lateinamerika kamen, empfiehlt Msgr. Castrillon seinerseits eine andere Kooperation »zwischen der soliden Theologie Europas und der seelsorglichen Lebendigkeit Lateinamerikas« (KNA Nr. 54, 5. März 1976). Nach dem Kongreß in Rom bleibt der Eindruck, daß solide Theologie mit Verdächtigung der Theologie der Befreiung und lebendige Seelsorge mit Kampf gegen sozial engagierte Gemeinden und Bewegungen verwechselt wird.

4. Wie lebendig in Lateinamerika das Bewußtsein davon ist, welcher Schaden seinen Völkern und seiner Kirche bei ihrem

Kampf um einen unabhängigen Weg in freie Selbstbestimmung durch diese militante Agitation zugefügt wird, zeigt ein Protestschreiben einer Gruppe von »Priestern für Lateinamerika« (SAL), adressiert unter anderem an Kardinal Marty von Paris, den Generaloberen der Jesuiten P. Arrupe und den Präsidenten der CELAM. In diesem Schreiben heißt es im Blick auf Vekemans: »Schlimm sind auch die Auswirkungen seiner Veröffentlichungen, die unter dem Deckmantel von Wissenschaftlichkeit und Christentum sich als Instrumente des Wandels und der Befreiung ausgeben. ... Darüber hinaus hat Roger Vekemans größte Verachtung gegenüber den Völkern Lateinamerikas, ihren Werten und Möglichkeiten gezeigt, wie ein Brief, den er vor einigen Jahren an die Universität Löwen schickte, beweist.« (Bogotà, 24. September 1975) Die Gruppe SAL verlangt in diesem Schreiben weiterhin, daß eine Untersuchung der Verleihung internationaler Hilfen aus kirchlichen Mitteln eingeleitet wird, da der begründete Verdacht besteht, daß kirchliche Gelder zu imperialistischen Zielen und zur Unterdrückung der Völker mißbraucht werden.

5. Wie Bischof José Dammert Bedillo von Cajamarca (Peru) die vor allem durch bundesrepublikanische Autoren vorgenommenen schlechten Benotungen der Theologie der Befreiung einschätzt, soll durch den Auszug aus einer Stellungnahme verdeutlicht werden, die er zu der Schrift von W. Repges, »Christen in Lateinamerika« (= Heft 17 der Schriftenreihe Dokumente/Projekte von Adveniat) gemacht hat: »Der Autor kritisiert die Theologie der Befreiung, weil sie nach seiner Meinung die christliche Freiheit vergißt, die man nach Paulus auch in Fesseln besitzen kann. Ich lebe mitten unter Andenbauern, die schon seit vorspanischen Zeiten unterdrückt werden, und ich weiß sehr wohl, daß diese Bauern trotz ihrer materiellen Ausbeutung ihr persönliches Selbstverständnis zu wahren wissen. Wenn sie sich dank der Theologie der Befreiung auch von physischen Fesseln, die sie ungerechterweise tragen, befreien können, wird es ohne Zweifel eine Gnade Gottes sein. Der Autor macht es sich sehr einfach, wenn er seine Schrift mit einem lyrischen Aufblick zu ›Jesu Kreuz und

Heil‹ abschließt, ein Kapitel, das er von einem bequemen Botschaftssessel oder von Europa aus schreibt, während Christen und Nichtchristen wegen ihrer Ideen verfolgt und gefoltert werden.« (Informationen aus Cajamarca, Nr. 10, Februar 1976)

Welche erschütternden Ausmaße z.B. diese Unterdrükkungssituation in Brasilien angenommen hat und wie die brasilianischen Bischöfe diese Situation analysieren und verurteilen, dokumentiert ihr weltweit beachteter mutiger Hirtenbrief vom Oktober 1976.

Sowohl die Bischöfe in Peru als auch die brasilianischen Bischöfe können daher nicht im Sinne der hier beklagten Kampagne marxistischer Umtriebe verdächtigt werden. Vielmehr stehen Hochschätzung der Theologie der Befreiung und selbstloser Kampf für die ihnen anvertrauten Christen eng beieinander. Ähnliches ließe sich wohl auch vom Episkopat der meisten lateinamerikanischen Länder nachweisen.

6. Nach der Rückkehr von seiner fünften Lateinamerikareise am 12. Mai 1977 gibt Bischof Hengsbach vor der Presse in Essen folgende Wertung: »Die sogenannte Theologie der Befreiung führt ins Nichts. In ihrer Konsequenz liegt der Kommunismus. Revolution ist kein Weg zur Besserung der Verhältnisse.« (KNA Nr. 111, 13. Mai 1977) In derselben Presseerklärung kündigt Hengsbach weitere Tagungen des Studienkreises Kirche und Befreiung an und läßt durchblicken, daß die für 1979 in Mexiko geplante lateinamerikanische Bischofskonferenz sich mit Fehldeutungen der Beschlüsse von Medellin wird befassen müssen. Viele Bischöfe Lateinamerikas äußerten bereits die Besorgnis, daß sich hinter solchen Andeutungen die Tendenz verbirgt, die gesamte Bischofskonferenz zur Übernahme der im Kreis um Lopez Trujillo vorbereiteten Verurteilung der Theologie der Befreiung zu bewegen. Auffallend ist nicht nur der Widerspruch, in dem sich Hengsbach gegenüber den meisten lateinamerikanischen Bischöfen befindet. Im Kontext der zitierten Äußerungen von Hengsbach wird dem deutschen Publikum ebenfalls, und zwar kommentarlos, mitgeteilt, daß die Regierung Boliviens dem Bischof

während seiner Reise den höchsten bolivianischen Verdienstorden »Condor der Anden« verliehen hat. Das deutsche Publikum wird dabei euphemistisch über die Tatsache hinweggeleitet, daß an der Spitze dieser Regierung der berüchtigte Diktator Banzer steht. Diese Ordensverleihung erhält geradezu groteske Züge, wenn man sie vor dem Hintergrund eines 1975 bekanntgewordenen Dokumentes der CIA betrachtet, in dem der bolivianischen Polizei eingeschärft wird: »Man soll sich nicht an der Kirche als Institution und noch viel weniger an der Gesamtheit der Bischöfe vergreifen, sondern einzig und allein etwas gegen den fortschrittlichsten Sektor der Kirche unternehmen. Es muß gezeigt werden, daß diese Christen den bewaffneten Kampf predigen, mit dem internationalen Kommunismus verbunden sind und nach Bolivien geschickt wurden mit dem einzigen Ziel, die Kirche dem Kommunismus zuzuführen.« (ICI 482, 15. Juni 1975)

7. Angesichts der hier ausgebreiteten Belege für eine militante Kampagne gegen die Theologie der Befreiung und die mit ihr verbündeten sozial engagierten Kräfte der Kirche Lateinamerikas können die Unterzeichnenden ihre Bestürzung nicht länger verbergen.

Wie ist es möglich, daß verständliche Auseinandersetzungen zwischen unterschiedlichen Theologen in der Kirche zu einer solchen Verunglimpfung der Gegenseite führen? Wo bleibt das Verständnis für den allenthalben gepriesenen Pluralismus in der Kirche, wo die Berücksichtigung des sonst in kirchlichen Kreisen so oft bemühten Kriteriums der Ausgewogenheit? Warum wurde bisher auch nicht an einer einzigen Stelle vom Studienkreis Kirche und Befreiung ein wirklicher Dialog mit den Vertretern der Theologie der Befreiung gesucht? Wäre die Annahme absurd, aus Mitteln der deutschen Kirche, vielleicht sogar von Adveniat, könnte auch einmal ein internationaler Arbeitskreis *für* die Theologie der Befreiung finanziert werden? Wie sollen die deutschen Katholiken Widersprüche deuten wie den, daß Mitarbeiter von Misereor zur gleichen Zeit in Brasilien verhört werden, wo die Führungsspitze von Adveniat erklärt, daß die Unterdrückung an Ort und Stelle keine bedrohlichen Ausmaße hätte? Sind sich die Kräfte der deutschen Kirche, die diese Kampagne gegen die Theologie der Befreiung unterstützen, wirklich bewußt, wessen Interessen sie dabei vertreten, welchen Schaden sie der lateinamerikanischen Kirche zufügen, wieviel neues Leid sie über viele Priester und Gläubige, die schon hart genug unter dem Joch der Militärdiktaturen leiden müssen, durch ihr Verhalten bringen?

Wir können nicht ruhig hinnehmen, daß gerade die deutsche Kirche wieder einmal in den bösen Verdacht gerät, es mit den Mächtigen zu halten und bewußt oder unbewußt das menschenfeindliche Verhalten sich christlich nennender Diktatoren zu übersehen oder aus taktischen Gründen umzudeuten. Wir fordern daher auf das entschiedenste einen sofortigen Abbruch jeglicher Unterstützung der Kampagne gegen die Theologie der Befreiung.

Erstunterzeichner: Walter Dirks, Norbert Greinacher, Johann Baptist Metz, Karl Rahner, Herbert Vorgrimler, Hans Zwiefelhofer.

Erklärung der Bischöflichen Aktion Adveniat zu einem Memorandum mehrerer Theologen vom 24. 11. 1977

Die Geschäftsstelle der Bischöflichen Aktion Adveniat nimmt zu den in einem Memorandum gegen sie erhobenen Vorwürfe wie folgt Stellung:

1. Sie bedauert, von den gegen ihre Arbeit erhobenen Vorwürfen zunächst nur durch Veröffentlichungen in der Presse erfahren zu haben. Sie hätte es begrüßt, wenn sie von den Verfassern zumindest gleichzeitig über den genauen Wortlaut des Memorandums informiert worden wäre. Erst nach zeitraubenden Bemühungen war es ihr möglich, in den Besitz der Erklärung zu gelangen.

2. Die Bischöfliche Aktion Adveniat wurde 1961 von den deutschen Bischöfen gegründet, um die pastorale Tätigkeit der Kirche in Lateinamerika zu unterstützen. Maßgebend für diese Hilfe sind die von den lateinamerikanischen Bischöfen

und Bischofskonferenzen eigenständig erarbeiteten Pastoralpläne und Schwerpunktprogramme. Adveniat beabsichtigt nicht, der Kirche in Lateinamerika irgendwelche Vorschriften zu machen und die kirchliche Entwicklung in diesem Kontinent nach eigenen Vorstellungen zu lenken. Dies beweist u. a. auch die allgemein beachtete Praxis, daß die von Adveniat geförderten Projekte von den Verantwortlichen der Kirche in Lateinamerika selbst erarbeitet, geplant und durchgeführt werden. Adveniat versteht seine Arbeit als einen uneigennützigen Dienst und handelt auch entsprechend.

3. Das Memorandum versucht, den Eindruck zu erwecken, als sei »die Theologie der Befreiung« der in der Kirche Lateinamerikas allgemein akzeptierte Oberbegriff für das Eintreten der Christen für mehr Gerechtigkeit und das damit verbundene soziale und gesellschaftspolitische Engagement. Nicht erwähnt wurde jedoch die Tatsache, daß es nicht nur eine, sondern mehrere und voneinander sehr verschiedene Theologien der Befreiung gibt, von denen einige nicht nur das Instrumentarium der marxistischen Gesellschaftsanalyse mehr oder weniger übernehmen, sondern teilweise auch die Mitarbeit der Christen beim gewaltsamen Aufbau einer marxistisch geprägten sozialistischen Gesellschaftsordnung nicht nur tolerieren, sondern empfehlen bzw. fordern. Daß eine solche einseitige politische Instrumentalisierung der Kirche von den Bischöfen und der Mehrheit der Seelsorger und Laien in Lateinamerika abgelehnt wird und auch nicht mit den von Adveniat in deutscher Übersetzung veröffentlichten Beschlüssen der Konferenz der Lateinamerikanischen Bischöfen von Medellin 1968 in Übereinstimmung gebracht werden kann, sollte auch angesichts der langjährigen und leidvollen Erfahrungen der Kirche in Ländern mit marxistischen Gesellschaftssystemen nicht verwundern. Im Gegensatz dazu wird die Lehre der Kirche zur Befreiungsproblematik, wie sie in dem Päpstlichen Lehrschreiben »Evangelii Nuntiandi« vom 8. Dezember 1975 dargelegt worden ist, von den Bischöfen Lateinamerikas und der Mehrheit der Seelsorger und Gläubigen voll geteilt und auch zur Grundlage ihrer pastoralen Tätigkeit gemacht.

4. Adveniat legt Wert auf die Feststellung, daß der im Me-

morandum erwähnte Studienkreis »Kirche und Befreiung« weder von Adveniat gegründet wurde noch von ihr finanziert wird. Es handelt sich bei diesem Studienkreis um einen von Adveniat unabhängigen Gesprächskreis, der auf Drängen mehrerer lateinamerikanischer Bischöfe von Bischof Hengsbach und dem Generalsekretär der lateinamerikanischen Bischofskonferenz (CELAM), Weihbischof von Bogotà, Lopez Trujillo, ins Leben gerufen wurde, um jene Fragen zu besprechen, die sich aus den bereits eingangs erwähnten Bedenken gegenüber den marxistischen Strömungen innerhalb der Befreiungstheologie ergeben. Dies geschah zu einem Zeitpunkt, als das Lehrschreiben »Evangelii Nuntiandi« mit seinen Klarstellungen noch nicht veröffentlicht war und auch die Internationale Theologenkommission ihre Beratungen über diese wichtige Frage noch nicht aufgenommen hatte. Bischof Hengsbach hatte die Gründung dieses Studienkreises gefördert, weil zu diesem Zeitpunkt eine Behandlung dieser neuen Thematik notwendig erschien und von Lateinamerika aus gewünscht worden war.

5. Das Memorandum versucht außerdem den Eindruck zu erwecken, als fördere Adveniat in Lateinamerika vorzugsweise solche Kräfte innerhalb der Kirche, die es mit den Mächtigen halten und die Armen auf ein besseres Jenseits zu vertrösten suchen. Daß dies nicht der Fall ist und daß Adveniat das befreiende Engagement der Kirche in Lateinamerika zugunsten der Armen und Ausgebeuteten tatkräftig unterstützt, zeigt nicht zuletzt die Tatsache, daß fast alle Glieder der Kirche, die in den letzten Monaten und Jahren wegen ihres selbstlosen Einsatzes für ihre leidenden Brüder Verfolgung, Verleumdung und sogar den Tod erleiden mußten, mit Adveniat in Verbindung standen und auch aus dem Aufkommen der jährlichen Adveniat-Kollekte unterstützt wurden. Dies gilt z.B. für die brasilianischen Bischöfe Adriano Hypolito und Casaldaliga ebenso, wie für die aus El Salvador ausgewiesenen Priester, den in diesem Land ermordeten Pater Rutilio Grande und den in Panama entführten Landpfarrer Hector Gallego.

Adveniat wird auch in Zukunft all jenen seine Unterstützung gewähren, die sich in Treue zum Evangelium ohne Rücksicht auf ihre Person für das Wohl der ihnen anvertrauten Menschen einsetzen. Kardinal Aloisio Lorscheider hat erst kürzlich in seiner Eigenschaft als Präsident des Lateinamerikanischen Bischofsrates und der Brasilianischen Bischofskonferenz bestätigt, daß die in den vergangenen Jahren aus Deutschland geleistete Hilfe es der Kirche in Lateinamerika erleichtert hat, sich von solchen traditionellen Bindungen zu befreien, die sie bei der Ausübung ihres Dienstes behinderten. Er erklärte anläßlich der Tagung des Deutschen Katholischen Missionsrates im Juli 1977 in Würzburg: »Wenn wir heute in Lateinamerika als Kirche freier sprechen können, verdanken wir das Eurer Hilfe. Das ist ganz sicher.«

Adveniat Ja – aber konsequent! Memorandum-Theologen melden sich nochmals zu Wort (13. 12. 1977)

Das Theologen-Memorandum zur Kampagne gegen die Theologie der Befreiung, das am 21. 11. 1977 veröffentlicht wurde, hat in der Öffentlichkeit Beachtung gefunden und in der katholischen Kirche der Bundesrepublik Auseinandersetzungen verursacht. Diese Auseinandersetzungen wurden zu einem Streit »Adveniat – ja oder nein« verfälscht und lenkten damit von der eigentlichen Stoßrichtung des Memorandums ab. Darum soll die leitende Absicht des Memorandums noch einmal herausgestellt werden.

Für Adveniat

Das Memorandum bestreitet nicht – wie ihm irreführend unterstellt wird – den Wert der finanziellen Unterstützung der lateinamerikanischen Kirche durch Adveniat. Es liegt ihm fern, die deutschen Katholiken von ihrem Engagement abzubringen. Gerade um dieses wichtige Werk zu schützen, ist es jedoch notwendig, auf konsequente Erfüllung seines Auftrages zu drängen.

Für umfassende Hilfe
Das Memorandum zeigt, daß die Verantwortung der Kirche nicht bei finanziellen Zuwendungen endet, sondern daß die in Lateinamerika herrschenden Diktaturen auch öffentlich zurechtgewiesen werden müssen. Die verfolgten Christen und Priester brauchen hier in Europa eine sichtbare und wirksame Interessenvertretung durch Adveniat – nicht nur ein Auto für ihre Seelsorge.

Für ungeteilte Brüderlichkeit
Die Unterzeichner des Memorandums weigern sich, auf der Ebene der Brüderlichkeit Unterscheidungen zwischen verschiedenen Richtungen der Theologie der Befreiung zu treffen, so wichtig und dringlich solche Unterscheidungen im Rahmen der theologischen Auseinandersetzungen auch sind. Es geht nicht an, einige ausdrücklich zu schützen und dadurch andere in höchste Lebensgefahr zu bringen. Wer die Basisgemeinden und die ihnen nahestehenden Theologen der Befreiung von Europa aus in vertrauenswürdige und verdächtige einteilt, liefert die so Verdächtigten faktisch den jeweiligen Militärregierungen aus. Das bedeutet häufig Gefängnis und Folter, manchmal Ermordung.

Für die volle Verteilungsbefugnis
der lateinamerikanischen Kirchen
Es wird immer wieder betont, daß Adveniat alle Maßnahmen mit den jeweiligen lateinamerikanischen Bischofskonferenzen abstimme und die bischöflichen Hilfswerke der Aufsicht der gesamten Deutschen Bischofskonferenz unterlägen. Dagegen trifft laut der in allen Kirchen ausliegenden Broschüre »Adveniat 77« eine Kommission unter Vorsitz von Bischof Hengsbach die endgültige Entscheidung über die Vergabe der Gelder. Um jeden Verdacht der Bevormundung und Demütigung der armen Kirchen auszuräumen, die bisher jedenfalls als Bittsteller an die deutsche Kirche herantreten müssen, fordern wir, daß die *gesamte* Entscheidungs- und Verteilungsbefugnis in die Hände der lateinamerikanischen Bischofskonferenzen übergeht. Nur so kann auf Dauer der Eindruck

eines kirchlichen Neokolonialismus erfolgreich vermieden werden.

Gegen die Verfilzung von Adveniat
mit dem Studienkreis »Kirche und Befreiung«

Der Führungsspitze von Adveniat ist es bisher nicht gelungen, den Verdacht zu entkräften, das Hilfswerk stehe unter dem ideologischen Protektorat des Studienkreises »Kirche und Befreiung«. Dieser Studienkreis, in dem die Bischöfe Hengsbach und Trujillo in engem Kontakt mit den Soziologen Vekemans und Bossle gegen die Theologie der Befreiung tätig sind, sucht in einer Art theologischem Neokolonialismus die selbständige Entwicklung in den lateinamerikanischen Kirchen zu kontrollieren. Wir fordern Adveniat auf, sich von diesem Studienkreis energisch zu distanzieren.

Gegen die widersprüchliche Doppelrolle
von Bischof Hengsbach

Müssen es die von Militärdiktaturen bedrängten lateinamerikanischen Christen nicht als Ärgernis empfinden, wenn ausgerechnet der deutsche Militärbischof auch Repräsentant von Adveniat ist? Vor allem aber: Wie kann jemand, der gewisse Strömungen und Tendenzen in der lateinamerikanischen Kirche als Vorsitzender des genannten Studienkreises rücksichtslos bekämpft, gleichzeitig als unparteiischer und vorurteilsfreier Förderer lateinamerikanischer Interessen gelten? Von daher drängt sich uns die Frage auf, ob es für die Glaubwürdigkeit von Adveniat nicht besser wäre, wenn Bischof Hengsbach als Vorsitzender dieses Hilfswerks zurückträte.

Unsere Kritik versteht sich nicht als ein Nein zu Adveniat, sondern als ein *konsequentes* Ja.

Erstunterzeichner: Walter Dirks, Norbert Greinacher, Johann Baptist Metz, Karl Rahner, Herbert Vorgrimler, Hans Zwiefelhofer.

Anmerkungen

1. Einleitung

1. Vgl. dazu und zum folgenden Bonino, vor allem 15–42.
2. D. Landes, Wirtschaftshistorische Thesen zur Unterentwicklung. In: Neue Zürcher Zeitung, 31. 8. 1978. Verwiesen sei in diesem Zusammenhang auf die ausgezeichnete Artikelserie »Entwicklungspolitik im Umbruch – eine kontradiktorische Auseinandersetzung«. In: Neue Zürcher Zeitung, Herbst 1978.
3. Bonino 25–27.
4. Zit. nach Bonino 17.
5. Vgl. dazu N. Greinacher und F. Klostermann, Freie Kirche in einer freien Gesellschaft, Zürich 1977, 52–56.
6. Zit. nach Bonino 28.
7. Zit. nach Bonino 20.
8. Zit. nach Bonino 46.
9. Wichtigste Veröffentlichungen im Literaturverzeichnis.
10. J. Moltmann, Hoffnung und Befreiung. In: Evangelische Kommentare 9 (1976), 755–757.

2. Was bedeutet Theologie der Befreiung?

1. Gutierrez 140.
2. Ebd. 147.
3. Ebd. 148.
4. Bonino 126.
5. Zit. nach Bonino 25.
6. Nach Bonino 31.
7. Puebla Nr. 311.
8. Puebla Nr. 186 und 330.
9. Gutierrez 138 f.
10. Lehmann 189.
11. Gutierrez 170.
12. Vgl. dazu N. Greinacher, Christliche Rechtfertigung – gesellschaftliche Gerechtigkeit, Zürich 1973.
13. Vgl. dazu N. Greinacher, Gelassene Leidenschaft, Zürich 1977.
14. Vgl. dazu N. Greinacher und F. Klostermann, Vor einem neuen politischen Katholizismus?, Frankfurt 1978.
15. Gutierrez 51–58.
16. Vgl. J. Maritain, Humanisme integral, Paris 1936.
17. J. B. Metz, Zur Präsenz der Kirche in der Gesellschaft. In: Die Zukunft der Kirche. Berichtband des Concilium-Kongresses 1970, Zürich 1971, 86–96, hier 89.
18. Vgl. G. Hasenhüttl, Charisma, Freiburg 1969, vor allem 185–198.

19. Justinus, Dialog mit dem Juden Tryphon, München 1917 (Bibl. der Kirchenväter 33), Nr. LXXXII, 135f.
20. Zit. nach Eusebius, Hist. Eccl. V, 17, 4.
21. Zit. nach Bonino 53f.
22. Lehmann 28.
23. Vgl. N. Greinacher, Kirche und Klassenkampf. In: Diakonia 2 (1978) 73–76.
24. Nr. 6. Zitiert nach: Texte zur katholischen Soziallehre, o.O. [3]1976, 427–433, hier 432.
25. Th. Geiger, Die Klassengesellschaft im Schmelztiegel, Köln 1949, 168. Ähnlich R. Dahrendorf, Gesellschaft und Demokratie in Deutschland, München 1965, 148.
26. Vgl. dazu N. Greinacher, Kirche und Arbeiterschaft. Ein Briefwechsel mit Cardijn. In: Stimmen der Zeit 5 (1979) 344–346.
27. Gutierrez 260.
28. Ebd. 262.
29. Vgl. dazu die kritische Anfrage von Lehmann 32–35.
30. Zit. nach Diakonia 3 (1972) 120–128, hier 122.
31. G. Girardi, Amor christiano y lucha de clases, Salamanca 1971, 57. Zit. nach Bonino 109.
32. Gutierrez 277.
33. Ebd. 283.
34. Puebla Nr. 1154.
35. Ebd. Nr. 1157.
36. Vgl. Bonino 66.
37. Vgl. Bonino 137.
38. Vgl. dazu J. B. Metz, Kirche und Volk – oder der Preis der Orthodoxie. In: Stimmen der Zeit 12 (1974); J. B. Metz, Glaube in Geschichte und Gesellschaft, Mainz 1977, 120–135.
39. Puebla Nr. 452.
40. P. Freire, Pädagogik der Unterdrückten, Stuttgart 1971.
41. A. Rauscher, Befreiung. Christliche und marxistische Interpretation. In: F. Hengsbach – A. L. Trujillo (Hg.), Kirche und Befreiung, Aschaffenburg 1975, 29–46, hier 37–42.
42. Gutierrez 193.
43. E. Cardenal, Lateinamerikanische Psalmen, Hamburg 1972.
44. Wort Gottes in Choluteca. In: Dokumente/Projekte, hg. von Adveniat, Nr. 14, 119.
45. Ebd 121.
46. Ebd. 123.
47. Gutierrez 49.
48. Ebd. 21.
49. Bonino 77.
50. ebd.
51. Vgl. das Memorandum des Bensberger Kreises »Antisozialismus aus Tradition?«, Hamburg 1976.

52. Bonino 43.
53. Ebd. 44f.
54. Ebd. 87.
55. Ebd. 89.
56. Zit. nach Bonino 9.
57. Zit. nach Bonino 43.
58. Zit. nach Bonino 50.
59. Zit. nach Diakonia 3 (1972) 120–128, 123f.
60. Documento de Consulta a las Conferencias Episkopales, Bogotà 1977.
61. Bonino 113.
62. »Populorum progressio«, Nr. 31, zit. nach KAB (Hg.), Texte zur katholischen Soziallehre, 1975.

3. Zur Diskussion um die Theologie der Befreiung

1. Ökumenische Vereinigung von Theologen der dritten Welt. Präsident ist im Augenblick J. Russel Chandran, Indien. Vizepräsident: Patrick A. Kalilombe, Malawi; geschäftsführender Sekretär: Sergio Torres, Chile; Kontaktadresse: 475 Riverside Drive, 16th Floor, New York, N. Y. 10027 USA. Dem europäischen Unterstützungskomitee dieser Vereinigung gehören aus der Bundesrepublik Deutschland an: Norbert Greinacher, Johann Baptist Metz, Jürgen Moltmann und Dorothee Sölle.
2. So im Vorwort der ersten Nummer vom Dezember 1978 »Voices of the Third World«, einem halbjährlich erscheinenden Bulletin der Vereinigung.
3. Der Konferenzbericht ist 1979 in englischer und französischer Sprache erschienen. Englische Ausgabe: K. Appiah-Kubi und S. Torres (Hg.), African Theology en route, New York 1979. Englische Fassung des Schlußberichtes in: Voices of the Third World 1 (1978) 11–16. Die folgenden Zitate wurden vom Verfasser aus dem Englischen übersetzt.
4. Die deutsche (nicht besonders gute) Übersetzung des in englischer Sprache verfaßten Schlußdokumentes ist erschienen in: Missio Informationen. Dokumente und Berichte aus der Kirche der dritten Welt (Herausgeber: Missio, Pettenkoferstraße 26–28, D-8000 München 2) 1979, Nr. 3, 17–27.
5. So ist es z. B. bezeichnend, daß in dem »Dossier« von »Pro mundi vita« (Rue de la limite 6, B-1030 Bruxelles) (März 1976) »›Theologie africaine‹ ou ›Faire de la theologie‹ en Afrique« von der Theologie der Befreiung nur ganz beiläufig die Rede ist.
6. Veröffentlicht in deutscher Sprache in Missio 1978, Nr. 7, 3–7.
7. Nr. 13–15.
8. Missio 1979, Nr. 4, 9f.
9. Nationale Konferenz für das Projekt Schwarze Theologie. Kontaktadresse: Black Theologie project, Room 349, 475 Riverside Drive, New York, N. Y., 10027 USA.
   Die hier zitierte Botschaft erschien in englischer Sprache in: Voice of the Third World 1 (1978) 38–41. Übersetzung der Zitate ins Deutsche vom Verfasser.

10. Vgl. Lehmann 1977.
11. Ebd. 175.
12. Ebd. 183.
13. Ebd. 191.
14. Ebd. 193.
15. Ebd. 179.
16. Ebd. 180.
17. Ebd. 187.
18. Pressemitteilung von Bischof Hengsbach: KNA 4. 3. 1976.
19. Bericht darüber in: F. Hengsbach u. a. (Hg.), Kirche und Befreiung, Aschaffenburg 1975.
20. Vgl. den Bericht in der deutschen Ausgabe des Osservatore Romano vom 19. 3. 1976.
21. Alle im Pattloch-Verlag Aschaffenburg.
22. So Wilhelm Weber in: KNA 1. 12. 1977.
23. KNA 13. 5. 1977.
24. Utopie der Befreiung, Aschaffenburg 1976, 10.
25. Kirche und Befreiung, Aschaffenburg 1975, S. 42.
26. Vgl. dazu »Le Monde« 27./28. 7. 1975.
27. So in einer Sendung des Westdeutschen Rundfunks vom 2. 12. 1977 (Drittes Programm).
28. Ebd.
29. Deutsche Ausgabe des Osservatore Romano vom 19. 3. 1976.
30. KNA vom 13. 5. 1977.
31. Vgl. R. Frieling, Adveniat – Es komme Befreiung. In: Materialdienst des konfessionskundlichen Institutes Bensheim 29 (1978) 2–5.
32. Z. B. Nr. 10 »Eine Kirche auf neuen Wegen«, welche das Dokument der Peruanischen Bischofskonferenz zur Vorbereitung der Römischen Bischofssynode 1971 über »Gerechtigkeit in der Welt« enthält.
33. Adveniat. Dokumente/Projekte Nr. 17, 101 f.
34. Einen guten Überblick über die Originaltexte, wichtige Stellungnahmen und Pressereaktionen bietet: Dokumentation zum Memorandum westdeutscher Theologen zur Kampagne gegen die Theologie der Befreiung, hg. vom Initiativkreis »Theologie der Befreiung«. Kontaktadresse: P. Rotländer, Hafkhorst 35, D-4400 Münster.
35. Siehe Anhang.
36. Ausgabe vom 4. 12. 1977.
37. Ausgabe vom 3. 11. 1977.
38. Vgl. etwa Latinamerica Press (Lima 1, Peru, Apartado 5594) vom 23. 3. 1978; Fe y Politica (Panama) Februar 1978; aber auch National Catholic Reporter (Kansas City/USA) vom 20. 1. 1978.
39. W. Weber, F. Hengsbach, A. L. Trujillo, W. Weber, Christlicher Glaube und gesellschaftliche Praxis, Aschaffenburg 1978.
    Auf dieses Buch trifft genau zu, was W. Weber gegenüber KNA am 1. 12. 1977 im Hinblick auf das Memorandum westdeutscher Theologen ausgeführt hat, »daß nämlich Theologie politisch-demagogisch verkommen kann«.

4. Von Medellin nach Puebla

1. Adveniat Dokumente/Projekte Nr. 1–3.
2. Adveniat Dokumente/Projekte Nr. 10, 11–41.
3. Zit. nach der unveröffentl. provisorischen Übersetzung von Adveniat.
4. Medellin 142 f.
5. Ich vermute, daß die »pastoral de conjunto« eine freie Übersetzung des französischen Begriffes »Pastorale d'ensemble« ist.
6. Medellin 7 f.
7. Ebd. 141.
8. Ebd. 27.
9. Ebd. 35.
10. Ebd. 21 f.
11. Ebd. 95.
12. Ebd. 27.
13. Ebd. 75.
14. Ebd. 14.
15. Ebd. 18.
16. Ebd. 18.
17. Nr. 39.
18. Medellin 52.
19. Medellin 49 f.
20. Medellin 133.
21. Medellin 136.
22. Medellin 143 f.
23. Medellin 72.
24. Vgl. das Dokument über die Hirtenaufgabe der Bischöfe in der Kirche Nr. 5.
25. Gerechtigkeit in der Welt. Dokument der Bischöfe Perus für die Bischofssynode (August 1971). In: Adveniat Dokumente/Projekte Nr. 10, 11–41, hier 11 f.
26. Ebd. 14 f.
27. Ebd. 15.
28. Ebd. 15–18.
29. Ebd. 19.
30. Ebd. 20.

30a. Ebd. 22.

31. Ebd. 24.
32. Ebd. 24.
33. Ebd. 29.
34. Ebd. 32.
35. Julius Kardinal Döpfner, Ethische Grundsätze einer Wirtschaftsführung aus der Sicht der katholischen Kirche. In: Pressestelle des erzbischöflichen Ordinariats München (Hg.), Ordinariats-Korrespondenz, 8000 München 2, Maxburgstraße 2.
36. Zit. nach: Kirche in Lateinamerika. Sondernummer der Lateinamerika-Nachrichten, April 1979, 86 f.

37. Ebd. 87.
38. Documenta de consulta a las Conferencias Episcopales, Bogotà 1977, Documenta de Trabajo a las Conferencias Episcopales, Bogotà 1978.
39. Vgl. zum Folgenden: Kirche in Lateinamerika a. a. O. 56–82.
40. Le Monde 25. 2. 1979.
41. Sekretariat der Deutschen Bischofskonferenz (Hg.), Verlautbarungen des Apostolischen Stuhls. Predigten und Ansprachen von Papst Johannes Paul II. bei seiner Reise in die Dominikanische Republik und nach Mexiko. 26. Jan. bis 4. Febr. 1979, Nr. 5, S. 72.
42. Zit. nach: Kirche in Lateinamerika 100.
43. So in einem mündlichen Bericht während einer Tagung von »Concilium« 6.–16. 6. 1979.
44. Beschlüsse der dritten Generalversammlung des lateinamerikanischen Episkopates vom 27. 1. bis 13. 2. 1979 in Puebla. Provisorische, nicht veröffentlichte Übersetzung von Adveniat, die im folgenden immer benützt wird (= Puebla). Hier Nr. 25.
45. Zitiert nach: Kirche in Lateinamerika 100.
46. Medellin 15.
47. Puebla Nr. 482.
48. Ebd. Nr. 28.
49. Ebd. Nr. 186.
50. Ebd. Nr. 47.
51. Ebd. Nr. 92.
52. Ebd. Nr. 492.
53. Ebd. Nr. 314.
54. Nr. 3 der »Botschaft an die Völker Lateinamerikas«.
55. Puebla Nr. 306.
56. Ebd. Nr. 87–90.
57. Ebd. Nr. 141.
58. Ebd. Nr. 1134 f.
59. Kirche in Lateinamerika 85.
60. Interview mit Kardinal Paul Evaristo Arns. In: Herder-Korrespondenz Heft 5 (1979) 235–241, hier 240.
61. Puebla Nr. 96.
62. Ebd. Nr. 643.
63. Ebd. Nr. 648.
64. H. Zwiefelhofer, Einleitung zu »Eine Kirche auf neuen Wegen«. In: Adveniat Dokumente/Projekte Nr. 10, 8.
65. Nr. 3.
66. Nr. 3.
67. Vgl. dazu N. Greinacher und F. Klostermann, Freie Kirche in einer freien Gesellschaft, Einsiedeln 1977.
68. Puebla Nr. 90.

5. Die Theologie der Befreiung als Herausforderung für die Kirchen in der ersten Welt

1. M. Weber, Wirtschaft und Gesellschaft I, Köln 1964, 358.
2. Ebd.
3. Vgl. dazu N. Greinacher, Zielvorstellungen einer kirchlichen Gemeinde von morgen. In: Theologia practica 9 (1974) 240–253.
4. Vgl. den Beginn der »Pastoralkonstitution über die Kirche in der Welt von heute« des Zweiten Vatikanischen Konzils.
5. Kirchliches Handbuch. Amtliches statistisches Jahrbuch der katholischen Kirche in Deutschland 28, Köln 1977, 56.
6. K. Rahner, Eucharistie und alltägliches Leben. In: K. Rahner, Schriften zur Theologie Bd. VII, Zürich 1966, S. 204–222.
7. »Berücksichtigt man auch die Rentnerhaushalte, so gehören noch immer die Hälfte aller Personen in der Bundesrepublik zur ›Arbeiterbevölkerung‹. Wenn es also überhaupt sinnvoll ist, eine Gesellschaft nach ihrer modalen sozio-ökonomischen Kategorie zu kennzeichnen, so ist die Bundesrepublik noch immer von ihrer Sozialstruktur her eine ›Arbeitergesellschaft‹, obgleich dies weder im öffentlichen Bewußtsein noch im politischen Prozeß einen entsprechenden Ausdruck findet.«
   K. U. Meyer, Soziale Ungleichheit und Mobilität. Ansätze zu einem System sozialer Indikation. In: W. Zapf (Hg.), Lebensbedingungen in der Bundesrepublik. Sozialer Wandel und Wohlfahrtsentwicklung, Frankfurt 1977, 149–208, hier 201.
8. Statistisches Jahrbuch 1978 für die Bundesrepublik Deutschland, Wiesbaden 1978, 88f.
9. F.-X. Kaufmann, Kirche begreifen. Analysen und Thesen zur gesellschaftlichen Verfassung des Christentums, Freiburg 1979, 139.
10. C. Storch, Die katholische Religion in der Legitimationskrise des Spätkapitalismus. Eine ideologiekritische Inhaltsanalyse der Bistumszeitungen in der Bundesrepublik Deutschland, Frankfurt 1977 (bisher unveröffentlichte Dissertation).
11. G. Schmidtchen, Zwischen Kirche und Gesellschaft, Freiburg 1972, 153.
12. Vgl. Bonino 22.
13. K. Rahner, u. a. (Hg.), Befreiende Theologie. Der Beitrag Lateinamerikas zur Theologie der Gegenwart, Stuttgart 1977, 7.
14. J. Moltmann, Hoffnung und Befreiung. In: Evangelische Kommentare 9 (1976) 755–757, hier 755.
15. P. Richard, Was uns ängstigt. Zum Verständnis der progressiven Theologie in Europa und der lateinamerikanischen Theologie der Befreiung. In: EPD-Dokumentation Nr. 18, 1976, 24f.
16. Um Mißverständnisse zu vermeiden, sei hier darauf hingewiesen, daß ich den Begriff Politik und politisch in einem weiten Sinne benutze, so wie er auch von seiner Wurzel her zu verstehen ist: Politik als der Bereich, der die polis, das gesamte Gemeinwesen, betrifft.
17. Quelle: Statistisches Jahrbuch 1978 für die Bundesrepublik Deutschland, Wiesbaden 1978.

18. Ebd. 361.
19. Vgl. den »Rapport sur le developement dans le monde« der Weltbank vom August 1978, Washington 1978 (vervielfältigtes Manuskript).
20. Vgl. dazu N. Greinacher, Kirche als Verband? Ein Diskussionsbeitrag. In: Theologische Quartalschrift Tübingen 3 (1976) 191–197.
21. E. Forsthoff, Lehrbuch des Verwaltungsrechts I, München ^{7}1958, 431.
22. W. Huber, Kirche und Öffentlichkeit, Stuttgart 1973, 500.
23. Vgl. Antisozialismus aus Tradition? Memorandum des Bensberger Kreises zum Verhältnis von Christentum und Sozialismus, Hamburg 1976.
24. Kathpress-Dokumentation vom 29. 4. 1976. Vgl. dazu: N. Greinacher und F. Klostermann, Vor einem neuen politischen Katholizismus? Frankfurt 1978.
25. H. Geissler, Die neue soziale Frage, Freiburg 1974.
26. L. Vascovics, Segregierte Armut, Frankfurt 1970.
27. W. Glatzer, Einkommenspolitische Zielsetzungen und Einkommensverteilung. In: W. Zapf (Hg.), Lebensbedingungen in der Bundesrepublik. Sozialer Wandel und Wohlfahrtsentwicklung, Frankfurt 1977, 323–384.
28. Vgl. Puebla Nr. 8.
29. Vgl. N. Greinacher und F. Klostermann, Freie Kirche in einer freien Gesellschaft, Zürich 1977.
30. Vgl. das Heft 4 (1977) von Concilium über »Die Armen und die Kirche«.
31. Vgl. Anhang.
32. H. Kunst und H. Tenhumberg (Hg.), Soziale Gerechtigkeit und internationale Wirtschaftsordnung. Erklärung der gemeinsamen Konferenz der Kirchen für Entwicklungsfragen aus Anlaß der vierten Konferenz der Vereinten Nationen für Handel und Entwicklung (UNCTAD IV) Nairobi 1976, Mainz 1976; Gerechtigkeit und Solidarität in der Internationalen Wirtschaftsordnung. Erklärung aus Anlaß der fünften Konferenz der Vereinten Nationen für Handel und Entwicklung (UNCTAD V) Manila 1979, Hannover 1979.
33. Soziale Gerechtigkeit und internationale Wirtschaftsordnung, ebd. Nr. 4.
34. Gerechtigkeit und Solidarität in der internationalen Wirtschaftsordnung, ebd. Nr. 6.
35. Adveniat Dokumente/Projekte Nr. 10, 18.
36. J. Moltmann, Menschenwürde, Recht und Freiheit, Stuttgart 1979, 59–80.
37. Ebd. 62.

Bibliographie

Zur Theologie der Befreiung ist eine Fülle von Literatur erschienen. Im folgenden wurde eine Auswahl vorgenommen. Für weitere Literaturhinweise siehe vor allem:

CEDIAL (Centro de estudios para el desarrollo e integracion de America latina), Desarrollo y Revolucion iglesia y liberacion, Bogotà 1973 ff.

CEDIAL, Cristianos por el socialismo, Iglesia Chilena y acontecimientos politicos, Bogotà o. J.

Bibliographie of Works on Liberation Theology in Latin America. In: Voices of the Third World 1 (1978) 30–36

Alves, R., A theology of Human Hope, New York 1969

Assmann, H., Kritik der Theologie der Befreiung. In: Internationale Dialogzeitschrift 7 (1974) 144–153

Assmann, H., Politisches Engagement aus der Sicht des Klassenkampfes. In: Concilium 9 (1973) 276–282

Assmann, H., Practical Theology of Liberation, London 1975

Assmann, H., Theologia desde la praxis de liberacion, Salamanca 1973

Beschlüsse der zweiten Generalversammlung des lateinamerikanischen Episkopates in Medellin vom 24. 8.–1. 9. 1968. Adveniat Dokumente/Projekte Nr. 1–3 (= Medellin)

Boff, C., Theologie et liberation – Questions d'epistemologie, Löwen 1976 (Dissertation)

Boff, L., Christus als Befreier, Paderborn 1978

Boff, L., Die Kirche als Sakrament im Horizont der Welterfahrung, Paderborn 1972

Boff, L., Rettung in Jesus Christus und Befreiungsprozeß. In: Concilium 10 (1974) 419–426

Bonino, J. M., Theologie im Kontext der Befreiung, Göttingen 1977

Cabestrero, T., Pascua de liberacion, Salamanca 1976

Camara, Dom Helder, Revolution für den Frieden, Freiburg 1969

Camara, Dom Helder, Die Spirale der Gewalt, Graz 1970

Camara, Dom Helder, Umsturz durch die Gewaltlosen, Düsseldorf 1971

Cardenal, E., Das Evangelium der Bauern von Solentiname, 2 Bde, Wuppertal 1977

Cardenal, E., La santidad de la revolucion, Salamanca 1976

Castillo, L. F., El problema de la praxis en la theologia de la liberacion, Münster 1977 (Dissertation)

Comblin, J., Die Basisgemeinden als Ort neuer Erfahrungen. In: Concilium 11 (1975) 90–100

Documenta de Consulta a las Conferencias Episcopales, Bogotà 1977

Dokumentation zum Memorandum westdeutscher Theologen zur Kampagne gegen die Theologie der Befreiung, hg. vom Initiativkreis Theologie der Befreiung (P. Rotländer, Hafkorst 35, 4400 Münster)

Dussel, E., Die Basis in der Theologie der Befreiung. In: Concilium 11 (1975) 76–89

Dussel, E., Herrschaft – Befreiung. Ein veränderter theologischer Diskurs. In: Concilium 10 (1974) 396–407

Dussel, E., Historia de la Iglesia en America Latina, Barcelona 1972

Galeano, E., Die offenen Adern Lateinamerikas, Wuppertal 1973

Galilea, S., Die Befreiung als Begegnung zwischen Politik und Kontemplation. In: Concilium 10 (1974) 388–395

Gerechtigkeit in der Welt. Dokument der Bischöfe Perus für die Bischofssynode (August 1971). In: Adveniat Dokumente/Projekte Nr. 10, 11–41

Girardi, J., Christianismo, Liberacion del Hombre y lucha de clases, Salamanca 1973

Goss-Mayr, H. (Hg.), Geschenk der Armen an die Reichen. Zeugnisse aus dem gewaltfreien Kampf der erneuerten Kirche in Lateinamerika, Wien 1979

Greinacher, N. und Klostermann, F., Vor einem neuen politischen Katholizismus?, Frankfurt 1978

Greinacher, N. und Klostermann F., Freie Kirche in einer freien Gesellschaft, Einsiedeln 1977

Gurcia-Murga, J. R., Communidad, experienza del Esperitu liberacion, Madrid 1977

Gutierrez, G., Befreiungspraxis, Theologie und Verkündigung. In: Concilium 10 (1974) 408–419

Gutierrez, G., Das Kontestationsphänomen in Lateinamerika. In: Concilium 10 (1971) 550–557

Gutierrez, G., Theologie der Befreiung, München 1973

Hofmann, M., Identifikation mit den anderen. Theologische Themen und ihr hermeneutischer Ort bei lateinamerikanischen Theologen der Befreiung, Göttingen 1978

Hünermann, P. und Fischer, G. D. (Hg.), Gott im Aufbruch, Freiburg 1974

Interview mit Kardinal Paul Everisto Arns. In: Herder-Korrespondenz 5 (1979) 235–240

Kirche in Lateinamerika. Sondernummer der Lateinamerika-Nachrichten (Savigny-Platz 25, 1000 Berlin)

Kirche zwischen Unterdrückung und Befreiung, hg. von Christen für den Sozialismus (Karl Grünewald, Hamburger Str. 40, 4400 Münster)

Lateinamerika – Kirche zwischen Diktatur und Widerstand, hg. von der Evangelischen Studentengemeinde Essen (ESG, Wittenbergstr. 4, 4300 Essen)

Lehmann, K., Theologie der Befreiung, Einsiedeln 1977

Lüning, H., Mit Maschinengewehr und Kreuz, Hamburg 1973

Lüning, H., Der Papst in Mexiko. Notizen, Bilder, Dokumente von der dritten lateinamerikanischen Bischofskonferenz, Düsseldorf 1979

Modehn, Chr. (Hg.), Christen entdecken die Freiheit, Stuttgart 1976
Moltmann, J., Hoffnung und Befreiung. In: Evangelische Kommentare 9 (1976) 755–757
Munoz, R., Zwei typische Erfahrungen der in der Befreiungsbewegung engagierten lateinamerikanischen Christengemeinden. In: Concilium 10 (1974) 449–455
Puebla: Das Dokument von Puebla. Beschlüsse der dritten Generalversammlung des lateinamerikanischen Episkopates vom 27. 1.–13. 2. 1979 in Puebla/Mexiko. Provisorische, unveröffentlichte Übersetzung von Adveniat (= Puebla)
Puebla – Kein Platz für das Volk? Sondernummer 7 der Brasilien-Nachrichten (Belthlestraße 40, 7400 Tübingen)
Pueblo en Puebla. Cristianos en el exilio, Madrid 1978
Pueblo – Puebla. Die Christen, die Kirche und die Militärdiktaturen in Lateinamerika. Dokumentation zur dritten lateinamerikanischen Bischofskonferenz in Puebla, Mexiko, Bonn 1979, hg. von Christen für den Sozialismus, Evangelische Studentengemeinde Essen (ESG Wittenbergstr. 4, 4300 Essen).
Predigten und Ansprachen von Papst Johannes Paul II. bei seiner Reise in die Dominikanische Republik und nach Mexiko. 26. 1.–4. 2. 1979. Verlautbarungen des Apostolischen Stuhls Nr. 5, hg. vom Sekretariat der Deutschen Bischofskonferenz (Kaiserstr. 163, 5300 Bonn)
Rahner, K. u. a., Befreiende Theologie, Stuttgart 1977
Rapport sur le developpement dans le monde, hg. von der Weltbank, Washington 1978 (vervielfältigtes Manuskript)
Scannone, J. C., Aportes criticos para una theologia de la liberacion, Salamanca 1975
Scannone, J. C., Theologia de la liberacion y praxis popular, Salamanca 1976
Scannone, J. C., Volkspoesie und Theologie. Der Beitrag des Martin Fierro zu einer Theologie der Befreiung. In: Concilium 12 (1976) 295–300
Schillebeeckx, E., Befreiungstheologie zwischen Medellin und Puebla. In: Orientierung 43 (1979) 6–10
Segundo, J. L., Die Option zwischen Kapitalismus und Sozialismus als theologische Crux. In: Concilium 10 (1974) 434–443
Stähli, M. J., Reich Gottes und Revolution, Hamburg 1976
Süss, G. P., Volkskatholizismus in Brasilien, München 1978
The Church at the Crossroads – Christians in Latin America: From Medellin to Puebla 1968–1978, hg. vom Internationalen Dokumentations- und Kommunikationszentrum IDOC (Via S. Maria dell'Anima 30, I-00186 Rom)
Vamos Caminando, Peruanisches Glaubensbuch: Ausgewählte Kapitel (Gruppe Bambamarca, Frondsbergstr. 31, 7400 Tübingen)
Vidales, R., Leistungen und Aufgaben der lateinamerikanischen Theologie. In: Concilium 10 (1974) 444–449
Weyer, A. (Hg.), Zärtlichkeit. Mit einer Anthologie lateinamerikanischer Gegenwartspoesie Liebe–Befreiung, Wuppertal 1976

Zwiefelhofer, H., Bericht zur »Theologie der Befreiung«, München 1974
Zwiefelhofer, H. Christen und Sozialismus in Lateinamerika, Wuppertal 1974
Zwiefelhofer, H., Zwischenbilanz zur Theologie der Befreiung. In: Orientierung 40 (1976) 76–80

Serie Piper:

Haben wir die richtige Medizin? Hrsg. v. J. Schlemmer. SP 118
Hädecke, Wolfgang Eine Rußlandreise. SP 91
Hassenstein, Bernhard Instinkt, Spielen, Lernen, Einsicht. SP 193
Hassenstein, Bernhard und Helma Was Kindern zusteht. SP 169
Havemann, Robert Rückantworten an die Hauptverwaltung. ›Ewige Wahrheiten‹. SP 8
Heisenberg, Werner Tradition in der Wissenschaft. SP 154
Hoffmann, Peter Widerstand gegen Hitler. SP 190
Hospitalisierungsschäden in psychiatrischen Krankenhäusern Hrsg. v. A. Finzen. SP 82
Huxley, Aldous Die Pforten der Wahrnehmung – Himmel und Hölle. SP 6
Illies, Joachim Kulturbiologie des Menschen. SP 182
Jaspers, Karl Augustin. SP 143
Jaspers, Karl Chiffren der Transzendenz. SP 7
Jaspers, Karl Einführung in die Philosophie. SP 13
Jaspers, Karl Kant. SP 124
Jaspers, Karl Kleine Schule des philosophischen Denkens. SP 54
Jaspers, Karl Lao-tse/Nagarjuna. SP 180
Jaspers, Karl Die maßgebenden Menschen. SP 126
Jaspers, Karl Philosophische Autobiographie. SP 150
Jaspers, Karl Der philosophische Glaube. SP 69
Jaspers, Karl Plato. SP 147
Jaspers, Karl Die Schuldfrage. SP 191
Jaspers, Karl Spinoza. SP 172
Jaspers, Karl Strindberg und van Gogh. SP 167
Jaspers, Karl Von der antiken zur christlichen Metaphysik. SP 192
Jens, Walter Fernsehen – Themen und Tabus. SP 5
Jens, Walter Die Verschwörung – Der tödliche Schlag. SP 111
Jesus und Freud Hrsg. v. H. Zahrnt. SP 29
»... keiner, dem Geschichte nicht etwas Wichtiges zu sagen hätte«. Hrsg. von U. Reiter. SP 159
Kalow, Gert Hitler – das deutsche Trauma. SP 114
Kolakowsky, Leszek Die Gegenwärtigkeit des Mythos. SP 49
Kolakowsky, Leszek Gespräche mit dem Teufel. SP 109
Kolakowsky, Leszek Der Mensch ohne Alternative. SP 140
Kolakowsky, Leszek Die Philosophie des Positivismus. SP 18
Konjetzky, Klaus Poem vom Grünen Eck. SP 121
Kornilow, Wladimir Mädchen und Dämchen. SP 131
Koschel, Christine Zeit von der Schaukel zu springen. SP 130
Krahmer, Catherine Der Fall Yves Klein. SP 105
Krockow, Christian Graf von Mexiko. SP 85
Krockow, Christian Graf von Nationalismus als deutsches Problem. SP 4
Krockow, Christian Graf von Reform als politisches Prinzip. SP 136
Krockow, Christian Graf von Sport – Gesellschaft – Politik. SP 198
Kühn, August Westend-Geschichte. SP 38
Vergißt die Schule unsere Kinder? Hrsg. v. F. Kümmel, F. Maurer, W. Popp, H. Schaal. SP 176
Küng, Hans Die Kirche. SP 161
Küng, Hans 24 Thesen zur Gottesfrage. SP 171
Küng, Hans 20 Thesen zum Christsein. SP 100
Landmann, Salcia Der ewige Jude. SP 97
Lenk, Hans Wozu Philosophie? SP 83
Lorenz, Konrad Die acht Todsünden der zivilisierten Menschheit. SP 50

Serie Piper:

Menschenrechte in Südafrika Hrsg. v. W. Baßmann. SP 179
Meves, Christa Verhaltensstörungen bei Kindern. SP 20
Mitscherlich, Alexander Auf dem Weg zur vaterlosen Gesellschaft. SP 45
Mitscherlich, Margarete Das Ende der Vorbilder. SP 183
Mitscherlich, Alexander und Margarete Eine deutsche Art zu lieben. SP 2
Mitscherlich, Alexander und Margarete Die Unfähigkeit zu trauern. SP 168
Möller, Hans Das Ende einer Weltwährungsordnung? SP 34
Montale, Eugenio Die Straußenfeder. SP 145
Narr, Wolf-D./Scheer, Hermann/Spöri, Dieter SPD – Staatspartei oder Reformpartei? SP 125
Ossowski, Leonie Mannheimer Erzählungen. SP 88
Ossowski, Leonie Zur Bewährung ausgesetzt. SP 37
Pasolini, Pier Paolo Teorema oder Die nackten Füße. SP 189
Piaget, Jean Das Recht auf Erziehung und Die Zukunft unseres Bildungssystems. SP 128
Politische Gefangene in der Sowjetunion Hrsg. v. W. Baßmann/A.-H. Horbatsch im Auftrag von amnesty international. SP 151
Pollmann, Wolfgang Viren – Botschaften lebender Systeme. SP 153
Rausch, Ludwig Strahlenrisiko!? SP 194
Redl, Fritz Erziehungsprobleme – Erziehungsberatung. Hrsg. v. R. Fatke. SP 173
Redl, Fritz/Wineman, David Steuerung des aggressiven Verhaltens beim Kind. Hrsg. u. m. e. Einleitung v. R. Fatke. SP 129
Rendtorff, Trutz Gesellschaft ohne Religion? SP 117
Rössler, Dietrich Der Arzt zwischen Technik und Humanität. SP 157
Rössler, Dietrich Die Vernunft der Religion. SP 135
Rudolph, Hermann Die Gesellschaft der DDR – eine deutsche Möglichkeit. SP 30
Sachsse, Hans Was ist Sozialismus? SP 188
Schmidbauer, Wolfgang Emanzipation in der Gruppe. SP 81
Schmidbauer, Wolfgang Heilungschancen durch Psychotherapie. SP 127
Schmidbauer, Wolfgang Sensitivitätstraining und analytische Gruppendynamik. SP 56
Schwan, Alexander Grundwerte der Demokratie. SP 185
Sontheimer, Kurt Die verunsicherte Republik. SP 189
Der SPD-Staat Hrsg. v. F. Grube/G. Richter. SP 164
Stössel, Jürgen-Peter Psychopharmaka – die verordnete Anpassung. SP 33
Stössel, Jürgen-Peter Staatseigentum Gesundheit. SP 184
Die Utopie der Konservativen Hrsg. v. F. Grube/G. Richter. SP 102
Der Verlust der Intimität Hrsg. v. J. Schlemmer. SP 141
Wachstum oder Sicherheit? Beiträge zur Frage der Kernenergie. Hrsg. v. C. Eisenbart u. G. Picht. SP 178
Wandruszka, Mario Interlinguistik: Umrisse einer neuen Sprachwissenschaft. SP 14
Wassermann, Rudolf Der politische Richter. SP 9
Watzlawick, Paul Wie wirklich ist die Wirklichkeit? SP 174
Werkkreis Literatur der Arbeitswelt: Ein Baukran stürzt um. Hrsg. v. K. D. Bredthauer, H. Pachl, E. Schöfer. SP 58
Wickler, Wolfgang Die Biologie der Zehn Gebote. SP 72
Wieser, Wolfgang Konrad Lorenz und seine Kritiker. SP 134
Wohmann, Gabriele Heiratskandidaten. SP 175
Wohmann, Gabriele Sieg über die Dämmerung. SP 98
Worringer, Wilhelm Abstraktion und Einfühlung. SP 122